目次

第2章

第3章

エンタープライズセールスのマネジメント――65

第2部 エンタープライズセールスの実践

第4章 お客さまを知り尽くすアカウントプラン —— 146

第5章

プロジェクトの企画／実行を支援するプロジェクトセリング

第6章

エンタープライズセールスが目指すカスタマーサクセス

第7章

長期的なパートナーシップを構築する役員向け施策――231

第3部 エンタープライズセールスの育成プログラム

第8章 エンタープライズセールス組織に必要な人材と育成方法

第1部

エンタープライズセールスの概要

第1章 エンタープライズ企業に従来の「絞り込み型」セールスが有効でない理由

1-1 大企業の特徴

▼大企業と中小企業の違いは社員数と歴史

中小企業と大企業の違いは、資金力、組織構造、意思決定プロセス、市場での影響力、ビジネスの柔軟性、複雑な購買プロセスなどがあげられますが、それらの違いの根っこは社員数と歴史だと考えています。つまり、社員数と歴史が購買プロセスや意思決定を複雑にしているということです。この影響を理解できれば、大企業のお客さまに対して寄り添った支援ができるようになるでしょう。

▼〝万が一〟が起こるのが大企業

ある大手製造業で弊社の顧客管理アプリを使ってもらうプロジェクトがありました。テストの段階で営業担当者の方から「携帯電話から商談登録時に時折使えなくなる」という声が多くあがってきました。よくよく調べると、その製造業の社員の方が使っている携帯電話は海外製の無名なＯＳで、コストを抑えたいのでiPhoneやAndroidを採用しなかったことが判明しました。弊社でも主要なメーカーで検証を行っていましたが、海外のマイナーなメーカーの携帯電話では１００％検証できていませんでした。本国の開発メンバーと話し合って対応し、問題を解決できました。

携帯電話を変更してもらうという選択肢もあったのではと思われる方もいるかもしれません。しかしこのケースの大企業の場合、特定の商社から4年契約という条件で携帯電話を購入しており、途中解約すると台数分の高額な違約金を払わないといけないという状況でした。そのうえ、数千人規模の社員に携帯電話を配布してしまっているので、変更のために再度社員向けに説明会を何回も開かなければならず、マニュアルも変えないといけませんし、別のアプリケーションにも影響を与える恐れもあることから、おいそれと変更することはできません。

この大企業ならではの背景を理解せずに、安易に「携帯電話の検証は時間がかかるので、とりあえず導入して合わなかったら後で変えましょう」と軽はずみな発言をすると、お客さまからの信用を失うことにつながってしまいます。反対に、万が一のことを考えて先回りをした提案ができれば、「自社のことをよくわかってくれている」と思われます。

▼過去の成功体験との戦い

東京商工リサーチによると、2023年の倒産企業の平均寿命は23・1年で、2年連続で短縮しています。何十年もこの激動の時代を乗り越えてきた大企業には独自の文化や成功体験が存在しています。その独自の経営手法があったからこそ今があるので、過去を否定することは簡単にはできません。

そんな中、たかだか数回話を聞いただけで営業担当者がおいそれと「御社の課題は……」などと言えるわけがないのです。

またその何十年の積み重ねがブランドとなり、そのブランドによって世間や取引先から信頼感を得られているわけで、1つの失敗や事故が与える影響は計り知れません。「大企業はスピードが遅い！」と安易に発言する営業担当者がたまにいますが、この歴史の重さを理解できていないからこその発言でしょう。

中小企業は小回りが利きやすいですが、大企業は簡単には進路を変えられません。ある方向に進んでしまったら慣性の法則が働いて、変わることよりも進むことが優先されてしまいます。それが大企業の強みでもあり弱みでもあります。

▼「実現可能性のある解決策」を提示するエンタープライズセールス

このような大企業を担当する営業には、会社の独自の事情を考慮して「実現可能性のある解決策」を提示することが求められます。

自社の製品・サービスの機能を紹介してＲＯＩ（費用対効果）を示したとしても、お客さま先の営業部長は「過去に同様のサービスを導入して失敗したことがあるから」とネガティブな反応かもしれません。情報システム部門は「社内で長年構築してきたシステムを使いたい」と言うかもしれませんし、法務は「セキュリティー上のリスクがあるから初めてのクラウドシステムに許可は出せない」と言い、また経営者は「営業よりも、アフターサポートの強化を優先したい」と言うかもしれません。

例えば、営業部長が過去の経験を引きずり、法務もリスクを感じているのであれば、まずは1つの支社からトライアルをして成功体験を積みあげる必要があります。また、情報システム部門が自身で開発したシステムに誇りを感じているのであれば、現行のシステムではまかないきれない範囲に絞って始めるとよいでしょう。経営者が今回の提案領域に興味がなければ、まずは初期投資を小さくして実績を出してから再提案を行うことが現実的です。

そのような過去の経験、現場のシステム、対外的なリスク、将来やりたいことなど、その会社固有の事情を踏まえて、営業は提案しなければならないのです。お客さまの過去と現在、そして将来を理解して組織を動かす提案をしましょう。

▼大企業の購買プロセスの特徴

図1−1に社員数と歴史の違いが購買プロセスにどのように影響を与えているのかをまとめています。

大企業のリード（見込み客）は待っているだけではほぼこないと言っても過言ではないでしょう。正確に言えば、購買意欲の高いリードが入ってくるのは稀《まれ》ということです。

大企業は分業が進んでおり、情報収集と検討、評価と判断でそれぞれ責任者が分かれて

図 1-1 ｜ 大企業と中小企業の購買プロセスの違い

	大企業	中小企業
リード（見込み客）の獲得	・待っているだけではほとんどこない ・情報収集をする人と責任者や意思決定プロセスに関わる人は別であるため、ホットリードがくることはほとんどない	・決裁権を持つ人や影響者が情報収集を行うケースがある
商談関係者	・数名～数十名 ・関係者は意思決定者以外にも影響者や利用部門など多数になる	・1名～数名
意思決定プロセス	・稟議制による多段階かつ合議にもとづいた決定を行う	・少人数の意思決定者による承認プロセス
予算	・年間での予算申請による計画にもとづいた投資を行う	・より柔軟で短期的な予算計画
商談期間	・長期 ・数か月～数年以上かかることもある	・短期 ・数週間から数か月で完了することが多い

います。このような決裁権を持っている人がリードとしてくることは稀で、自然と集まるリードの多くは情報収集にきている決裁権のない方がほとんどで、特に自らが強い課題感を持っていたり導入したい製品イメージを持っていたりするわけではないことが多いので、イベントやセミナー後にフォローをしても「今は情報収集しているだけですから、結構です」と言われ、「また何かあったら声をかけてください」で終わってしまいます。

商談については、大企業は関係者の人数の多さが特徴です。１つの商談に関わる平均の人数は６名といわれ、多い企業だと稟議《りんぎ》のときのハンコが30個ある場合もあります。注意したいのは、検討する人と利用する人が異なる点です。例えば何かシステム構築をするとなれば検討主体は情報システム部門ですが、実際に利用するのはマーケティング部門ということがあります。また何か機械を購入するときも検討は企画部門ですが、実際に利用するのは製造部門です。利用する側は自分にとってのメリットや使いやすさなどを気にしますが、検討する側はコストや効果、セキュリティー面などさまざまな要素から比較を行うので、1つの購買には複数の比較検討軸が出てくることが一般的です。

そのため、稟議制を取る会社も多いので、議して決さずと、全員の意見がまとまらず、誰か1人がリスクを背負うことになるので、物事を決める際に長い時間を要する傾向にあります。

大企業の契約については、予算制度と稟議制度が特徴としてあげられます。もちろん中小企業でも予算はありますし何か購買をする際のルールは存在しますが、大人数の組織ほどルールの中で投資を行わないと無駄な出費や悪意のある支出が増えてしまうので、その形式性と複雑性が異なります。

例えば、稟議書もフォーマットが定められ、独自の計算式を用いたＲＯＩの記入が必要だとか、安全性やセキュリティーチェックシートを合わせて提示しないといけないとか、相見積もりを3社以上取って比較資料をつくらないとダメだといったルールがあり、提出する資料も膨大になります。また、前年度に予算申請を行っていない稟議を通すためには経営会議で議題にあげないと発注できないとか、逆に役員・部長・課長にそれぞれ決裁権がある金額が定められており、その金額内に収めるために交渉が入るケースもあります。

なお、アフターサポートには、販売する行為の何倍も工数がかかってきます。数千人・数万人が使うとなると、導入した機器やシステムが停止をしたときの影響は計り知れません。トラブルが起きたときの対処スピードや再発防止のための調査報告書、トラブルが起きないための予防処置、利用促進させるための支援などが求められます。販売後がスタートで、むしろここに大きな時間をかける必要があります。体力がない会社が安易に取引を望むと期待値に届かず簡単に契約が打ち切られたり、自社にとって赤字になったりするケースも少なくありません。

このように予算や稟議のルールをクリアして契約するのは大変な道のりですが、1つの契約金額は非常に大きいですし、もし成功事例になれば知名度が高い会社が多いので、マーケティングの広告として使うことも可能です。ハイリスクハイリターンが大企業との取引の特徴といえるでしょう。

1-2 絞り込み型とエンタープライズセールスの拡散型の2つの営業モデル

では、企業規模の違いがどうして営業手法に影響を与えるのでしょうか? 要素は2つあると考えています。それは、購買ボリュームとカスタマイズ性が異なるからです。

▼購買ボリュームとカスタマイズ性

購買ボリュームの違いは1回の購入数や金額もですが、頻度と時間軸が大きく関係します。1つの製品を1年で1000個買うのか、100個を10年かけて毎年買うのかという意味です。

つまり営業としては1回限りの関係か今後何年も付き合う関係かで捉え方が変わります。1回限りの関係でお互いの利益が合わなければそのまま決裂するだけですが、長い付き合いの場合、お互いの損得を1回の取引で判断しなくても問題ありません。例えば、「今回はこのA製品の割引で赤字でも、次回B製品を購入するときは黒字にするので何

図1-2 ｜ 購買ボリュームとカスタマイズ性による営業モデルの違い

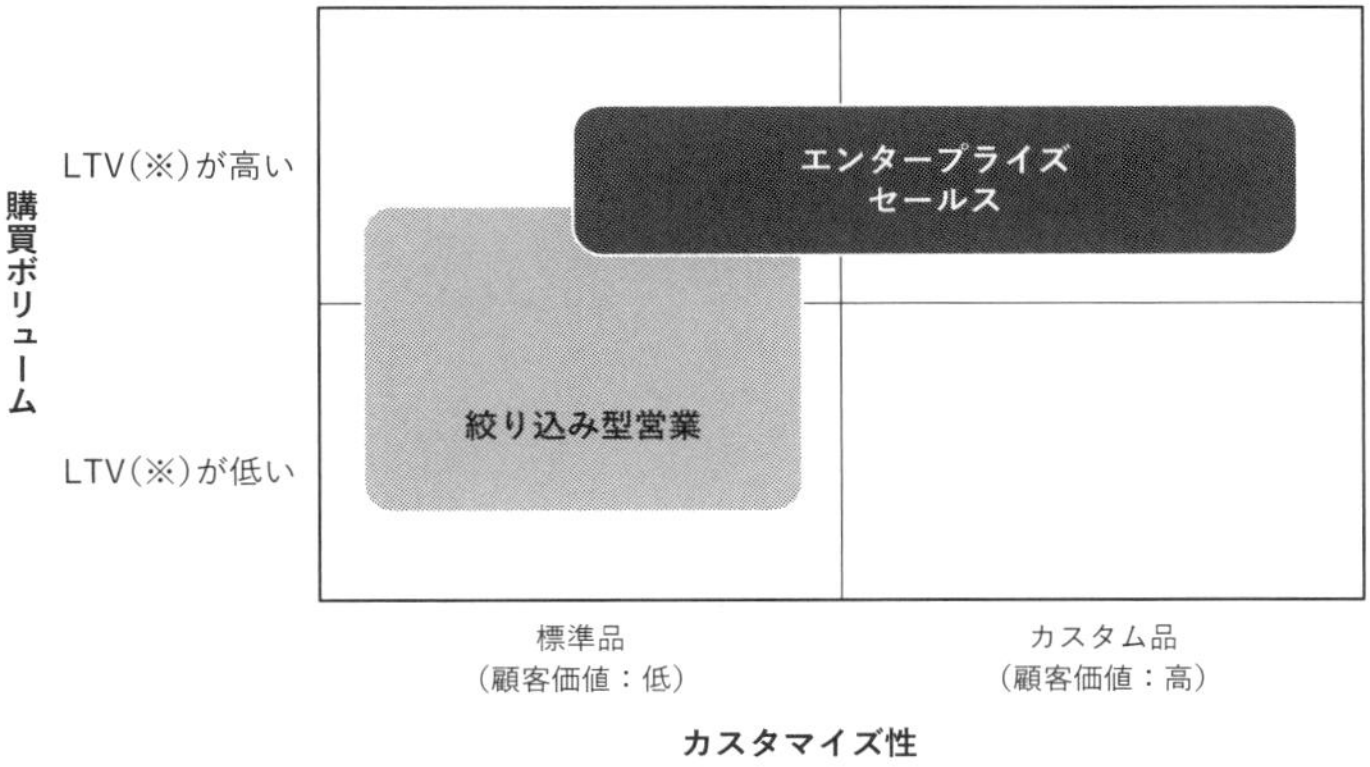

※LTV（Life Time Value：顧客生涯価値）

とかしてほしい」などの交渉も可能になるので、数年先のことを考える必要があります。

またカスタマイズ性の違いとは、標準設計の標準品か、専用設計されたカスタム品かの違いです。標準品を販売するのであれば、その製品・サービスを求めている人を見つけることが営業の仕事となります。また、単価が低い傾向になるため多くの件数に対応しないと1人あたりの営業経費と見合わなくなりますので、同じ仕事を大量にこなす圧倒的な効率性が求められます。

逆にカスタム品の場合は多くの件数をさばくことよりも、1社1社お客さまの要望をくみ取り、自社の製品開発とすり合わせる力が求められます。

▼絞り込み型セールス

購買ボリュームが限られている、中小企業向けの営業で多く使用される営業モデルは、マスマーケティングのような絞り込み型が合っています。標準品を大多数のお客さまに提供する営業スタイルに向いており、1つの成約に向かって「絞り込んでいく」形を取ります。

①**認知拡大**

まず起点は名刺情報の獲得です。この段階ではホームページにホワイトペーパーの設置や、広告やイベント・展示会などの**マーケティング施策を実施し、認知をできるだけ「多く」獲得します**。主にマーケティング部門や広報部門が行うことが一般的です。

②**見込み客選定**

次は見込み客選定で、その獲得した名刺情報をもとに、インサイドセールスが電話したり、メルマガを打って相手の反応を見たりしながら**自社製品を買う見込みがあるお客さまを「選定」します**。いわゆるBANT※情報が埋まっているお客さまを絞り込むこと

図1-3 ｜ エンタープライズセールスは拡散型

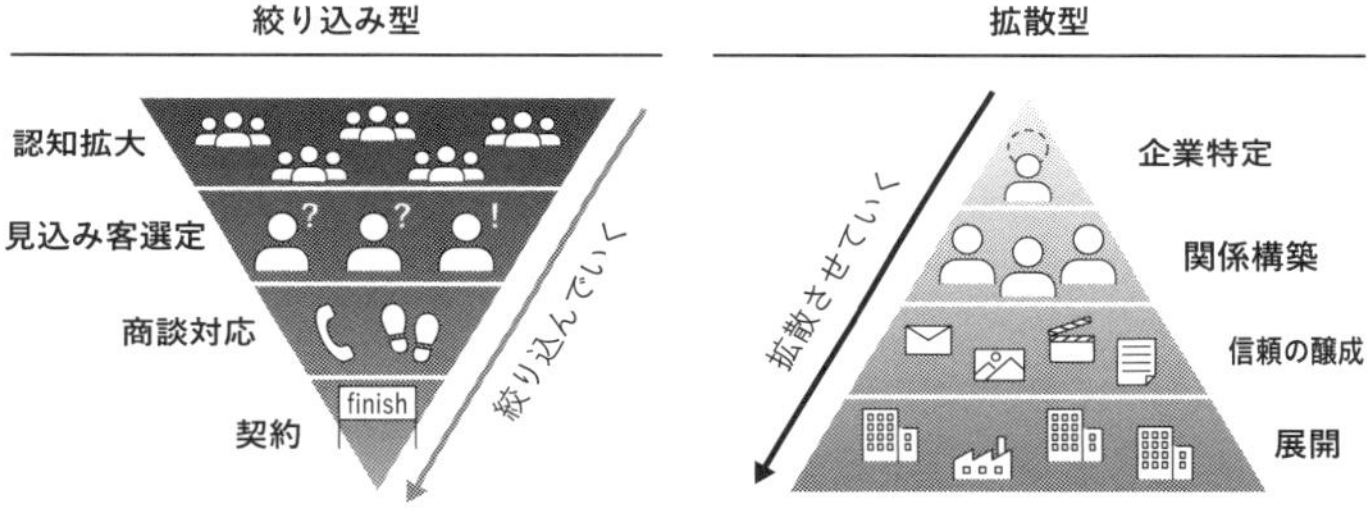

を行います。

③商談対応

さらにその選定した見込み客から提案機会、つまり引き合いを生み出せるかどうかを判断します。**この段階では「営業が単独」でお客さま先に訪問し、自社製品を紹介しながら提案します。**

④契約

最後に契約をもらったら、定着支援部隊やサポートチームに引き継ぎます。**これで販売活動は「終了」となります。**

▼エンタープライズセールス

一方で購買ボリュームが多くカスタム品の提案を求め

※BANT Budget（予算）・Authority（決裁権）・Needs（必要性）・Timeframe（導入時期）の略

られることが多い大企業相手には、拡散型営業モデルのエンタープライズセールスが適しています。特定の限られた会社からLTV（Life Time Value：顧客生涯価値）を最大化させることを目的とした営業モデルであり、1つの会社内の人脈やタッチポイント（接点）、契約を「拡大させていく」ことで実現します。ただし、お客さまが中小企業であっても、ビジネスを拡大している成長企業の場合はエンタープライズセールスの販売手法が向いている場合もあります。

①企業特定

絞り込み型は多くの認知を獲得することからスタートしていましたが、エンタープライズセールスは逆に提案する企業を「特定」することから始めます。

大企業はインバウンドマーケティングで待っていても有効リードが自社にこないため、手紙やＤＭなどのアウトバウンド型アプローチを取らざるを得ません。当然同じことを競合他社も行うため、大企業の担当者には毎日大量のＤＭやイベントの誘いがきています。そこで目を引くためには一球入魂でカスタマイズした内容にする必要があるため、それを何百社も1人で対応するのは困難です。まず、どこの企業・業種を今期のターゲットにするかを特定しないとなりません。手紙を大企業に送り、ダメだったら同じ手紙をまた別の大企業へ……というやり方をしている営業の方は特定することから始めましょう。

②関係構築

絞り込み型では有望な見込み客を絞り込んでいきましたが、エンタープライズセールスではむしろ拡散させていきます。

前述の通り、大企業は稟議制で意思決定に多くの人が関わります。狙っていた大企業のキーマンから資料請求があったとして、その１人のキーマンだけの力では稟議は通せません。

なので、役員や上司、現場部署、情報システム部、調達部、経理部など、あらゆる部署の人に会い、会社の優先順位や課題をさまざまな角度から確かめる必要があります。「見込み客からすぐに商談をつくりたい！」という気持ちをグッとこらえ、そこから**「関係を構築」することが次に求められます**。

③信頼の醸成

提案機会、商談をつくれた段階です。絞り込み型では営業が単独で対応しますが、エンタープライズセールスはここでもやり方が違います。大企業の購買担当者は数千人や数万人が使うものを選定するので、慎重にならざるを得ません。そのため、あらゆる情報を集めようとし、その真偽を確かめようとします。こうした背景から、たった1人の営業が言うことだけを信じて買うことはできないのです。

そこで重要なのは、個人のエンゲージメント（信頼）を高めることではなく、企業のエンゲージメントを高めることです。企業のエンゲージメントとは「人数×信用」であり、お客さまの社内に自社のことを好意的に思ってくれる人がどれだけいるかです。また信用は「タッチポイント（接点）×回数」で算出されます。しかし、1人の営業が足しげく通い単純接触回数を増やして信用を獲得するには限界があります。営業1人ではなく、プロジェクトに関わるお客さまを増やし、自社もそれに複数人で対応することで信用を獲得するのが望ましいのです。営業がキレイなＲＯＩの資料をつくり「効果があります！」と言うだけではなく、セミナーにきてもらい、自社製品を使用している別の企業の役員から「うちも使っているけれど、この製品とてもいいよ」と、ひと言ってもらうほうが何倍も効果があったりします。他にも自社の役員や技術やアフターの担当者などを連れていき、お客さまと同等の役職・職種の人と意見交換してもらうことで安心感を持ってもらう手段も有効です。

あらゆるチャネルを使って同じメッセージを伝えて信頼の醸成をしていきます。

図 1-4 ｜ ２つの営業モデルの活動の違いとは？

お客さまの購買プロセス	絞り込み型セールス	エンタープライズセールス
認知	・認知を「拡大」する	・企業を「特定」する
興味・関心	・見込み客を「選定」する	・見込み客との「関係構築」をする
検討	・営業が「商談対応」をする	・さまざまなタッチポイントで「信頼の醸成」を行う
購入	・「契約」がゴール	・契約はスタートで、その契約を「展開」する

④展開

エンタープライズセールスは契約が始まりです。

1つの部署で使ってもらえたら、隣の部署でも使ってもらえるように契約を「展開」させていきます。

そのために重要なのがファンづくりです。導入してビジネス成果が出ればお客さまは社内で評価され昇進するかもしれません。そうなれば別部署にも自社製品・サービスを紹介し、社内営業をしてくれるようになります。

自社製品・サービスのファンになってもらうためにも、導入後の活用支援は営業活動の一環として捉えるくらいの強い意識を持つ必要があります。

第2章 エンタープライズセールスの全体像

2-1 エンタープライズセールスの営業プロセス

▼営業のプロセス管理の歴史

■タスクベースの営業の行動設計

ひと昔前に「営業を科学する」という言葉が流行《はや》りました。属人的な営業の行動をなくすために、販売にかかるプロセスを細分化して誰でも成果の出る行動を取れるように定量的に設計を行うという考え方です。初回訪問、ヒアリング、提案を行い、見積もりを提出して契約に至るまで、営業の行動やタスク管理を抜け漏れなく徹底させることで、再現性を持った活動が実現できました。

ただ、この営業のタスクベースの管理は問題もありました。例えば「見積もり提出」というフェーズがあっても、それはもしかすると初回訪問でその場の勢いで大まかに伝えた見積もりかもしれませんし、喫茶店のナプキンに手書きで書いた見積もりかもしれません。営業のタスクを管理しても本当にそれが契約に向かって進んでいるのか判断ができず、フォーキャスト（業績目標管理）をするうえで誤った判断が多発し、管理しても意味がないという状況になってしまいます。また、扱う製品や対応するお客さま、国によってこのタスクは異なることから、複数事業部で管理する際にはこの行動設計を何回も行わないといけないという課題もありました。

▼購買プロセスにもとづいた営業の行動設計

そこでお客さまが購入する検討プロセスに合わせて、自社の営業の行動設計を行う「購買プロセスベース」の考え方が登場しました。

視点を自社からお客さまに変えて、製品・サービスを検討する段階から契約に至るまでの行動を考えます。

まず、購入する対象の製品・サービスの情報収集を行い、そこからその製品・サービスの価値を検討し、比較検討を行い、決済者に対して稟議をあげて、発注に至るという流れです。ここから逆算で営業の行動を定義します。お客さまが情報収集段階であれば、製品・サービスの情報提供を行いながら「商談機会があるかどうかの見極めを行うこと」が営業としての行動となりますし、価値の検討段階であればいくつか他社事例を出しながら「その課題が時間をかけて解決に値するかどうかを合意すること」が営業のすべき行動となります。

このような購買プロセスベースで営業の行動を設計すれば、「合意の積み重ね」をすることで誰もがこの商談が契約に向かって進んでいるかを判断できますし、たとえ異なる商品を扱う事業部が複数存在していたとしても1つのプロセスに統一することは可能です。

■ 購買プロセスベースの課題

しかし、購買プロセスベースの考え方は一見営業の行動設計をするうえで完成されたもののように見えますが、エンタープライズセールスに適用する際にはいくつか問題も出てきました。

1つ目の問題は〝ニーズありき〟という点です。大企業からはリードがなかなかこな

図 2-1 ｜ 購買プロセスベースの商談フェーズ設計

絞り込み型セールスの行動は顧客の購買プロセス起点

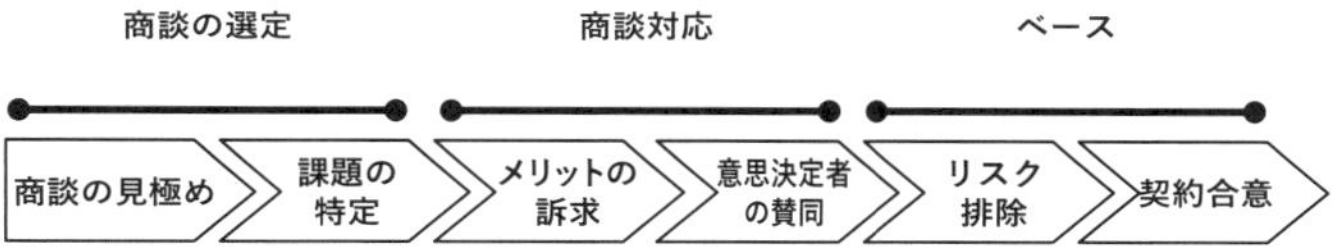

いため、そもそもお客さまの購買意思ありきでプロセスを始めてしまうと多くの初回訪問は「購入意思がなかった」と、失敗判定で終わってしまいます。エンタープライズセールスの初回訪問は、お客さまの投資領域を調べるための活動であったり、プロジェクト推進者を見つける活動であったり、必ずしも提案活動だけが訪問目的ではありません。

2つ目の問題は〝「展開」フェーズ（1－2参照）がなく、導入後の営業プロセスの考慮がされていない〟という点です。お客さまのゴールは製品・サービスを購入することではなく、その購入したものを業務に生かして成果を出すことがゴールとなっています。購買プロセスベースだと、購入するために稟議書を書くなどのタスクは洗い出せても、事前に誰を仲間にすれば導入後スムースに横展開できるか、どれくらいのスキルを持った人を何人プロジェクトメンバーに巻き込んだらよいかといったことまでは洗い出せません。

3つ目は〝お客さまのLTVの最大化が考えられていない〟

図 2-2 ｜ プロジェクトベースの 4 つのフェーズと 6 つの行動

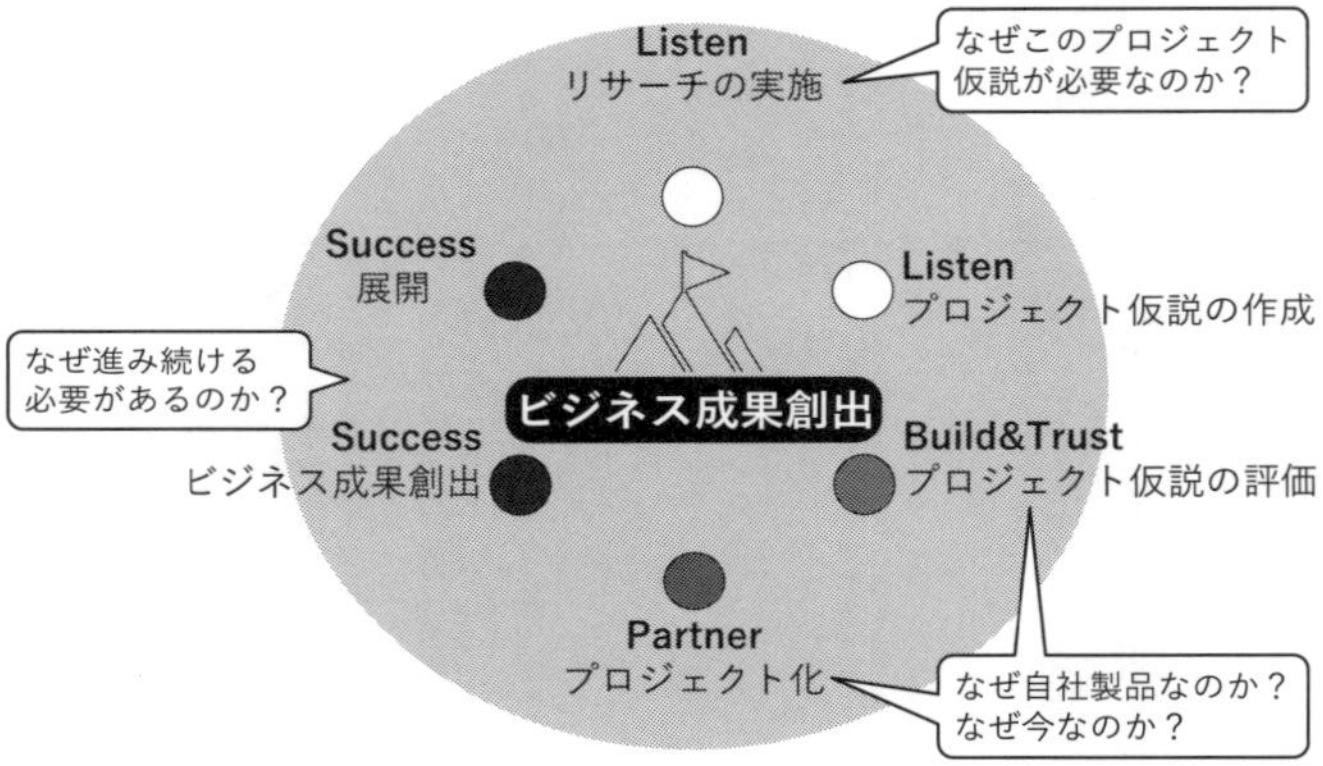

という点です。エンタープライズセールスは拡散型の営業モデルとお伝えした通り、契約してからがスタートです。営業の仕事のゴールは契約ではなく、契約後に製品・サービスが本当に役立つことを体感してもらわない限り、次のビジネス契約はありません。導入後のカスタマーサクセスを支援し、さらにその成功を横展開していくための行動設計が必要なのです。

▼目指すはプロジェクトにもとづいた営業の行動設計

そこでお勧めしたいのが、「プロジェクトベース」の行動設計の考え方です。プロジェクトとは「特定の目標を達成するために期限が決められた業務」のことです。大企業は万が一のリスクをつぶすために多くの製品・サービスを自社にカスタマイズしながら購入していくので、大なり小なりのプロジェクトがつくられていきます。このプロジェクトに先んじて参画できるか、成功に導けるか、展開できるかがエンタープライズセールスに求められるため、行動設計をする際には視点を**お客さまからプロジェクトに移す**ことが必要なのです。

そこで、エンタープライズセールスの行動を①Listen（顧客理解）②Build&Trust（関係構築）、③Partner（信頼の醸成）、④Success（成功と展開）という４つのフェーズと６つの行動に分けることで、お客さまのプロジェクトに寄り添えるようになります。

■ ①Listen（顧客理解）

大企業から購入意思の高いリードは少ないと前述しましたが、単にリードがこないだけで、お客さまは何も課題を抱えていないわけでも、検討をしていないわけでもありません。自社の業績を改善させようと日々頭を悩ませ、営業に声をかけずとも情報を集めてどんなプロジェクトを起こすべきかを考えています。

従来のタスクベースや購買プロセスベースで行う営業の行動設計の考え方の場合でも、まだお客さまとの関係性が始まっていないこの企画段階から声をかけてもらえれば、リードが少ないという悩みは解消されますし、競合他社に一歩先んじることができます。

ただ、この段階で声をかけてもらうためには、待ちの姿勢ではなくお客さまの考えていることを言い当てて「よくうちのこと・業界のことを知っているね！」「まさにこれがうちが欲しいものだよ！」と思われていないとなりません。もしくはお客さま自身も想定していなかった潜在ニーズを引き出されると「相談してみようかな」と思ってもらえるわけです。その顧客理解のために「リサーチの実施」が必要で、そのリサーチ結果をもとに初回訪問から新しいお客さまにとっての着眼点、「プロジェクト仮説」を提供することが求められます。

・リサーチの実施

まずお客さまは製品やサービスを買う前に、自社の戦略や業務について課題を分析し、プロジェクトを起こすべきかの検討を行います。そこで営業として行うべき行動の一歩目は「リサーチの実施」です。

お客さまに関して、経営層の優先課題、業界レベルでの課題、競合の脅威、潜在的な危機を把握するためのリサーチを実施します。これはインターネット上でお客さまが公開している中期経営計画で調べるだけではなく、そのお客さまと過去に接点がある人に

図 2-3 ｜ プロジェクト仮説はストーリーで語る

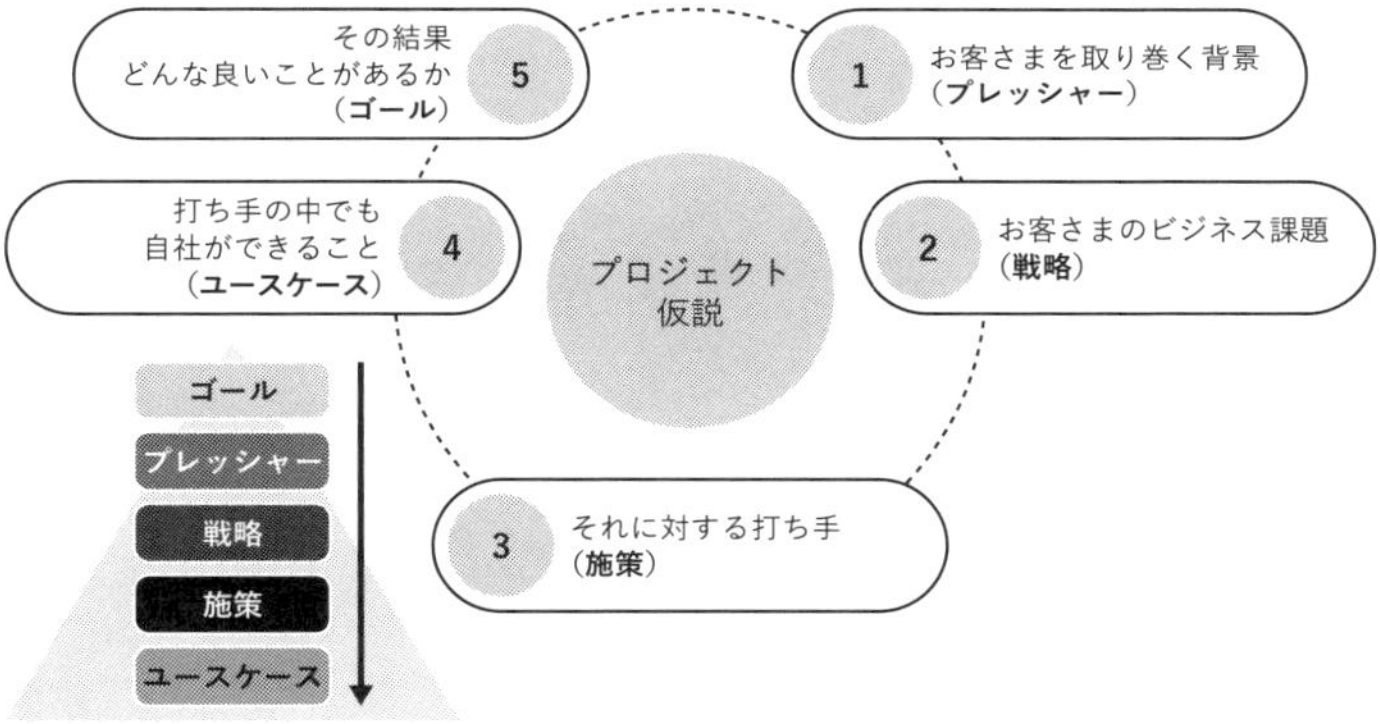

話を聞きに行くことも含まれています。ホットリードが入ってきにくい大企業においては、購買意欲の有無でプロジェクト化を判断するのではなく、仮説づくりのための情報収集ができるかどうかで判断を行います。

・プロジェクト仮説（新しい着眼点に対する仮説提案）の作成

そして次にプロジェクト仮説の作成となります。あまり聞き慣れない言葉かもしれませんが、弊社では以下の５つをまとめたものを「プロジェクト仮説」と呼んでいます。お客さまの有価証券報告書や中期経営計画に則って調査・ヒアリングした内容をもとに作成します（プロジェクト仮説のつくり方の詳細は２−２を参照）。

①お客さまを取り巻く背景（プレッシャー）
②お客さまのビジネス課題（戦略）
③それに対する打ち手（施策）
④打ち手の中でも自社ができること（ユースケース）
⑤その結果どんな良いことがあるか（ゴール）

まだ製品・サービスの購入意思がないこの段階では、初回訪問でお客さまに新しい着眼点・気づきを与えることが求められます。単純に自社製品・サービスの紹介をしてしまえば、「また売り込みか」と思われてしまい継続的に会おうとはいっさい思われませんし、たとえ面白いと思われても、まだプロジェクトの企画すらまとまっていない現状ではまともに検討されることがありません。

このプロジェクト仮説を提案し「なるほど！こういう考え方もあったのね」と、気づいていない潜在ニーズをここで言い当てることができれば、一緒にプロジェクトを進めていくパートナーとして自社を認識してくれるわけです。

よって、初回訪問からフルスイングの提案を行う必要があり、そのためには社内の有識者を集めて入念な初回訪問の準備をする必要があります。まだ取引も始まっていないお客さまのためにここまで準備する必要があるのか？と思うかもしれませんが、それがエンタープライズセールスなのです。月数件しかこないリードを2倍3倍にするのではなく、その少ない機会を100％ものにするための準備をするのが特徴です。

■②Build&Trust（関係構築）

・プロジェクト仮説の評価

そしてプロジェクト仮説をお客さまに当てて、会社／事業部として重要な課題だという認識を与え、プロジェクトを起こすかを検討してもらいます。ここではこの**仮説段階のプロジェクトを進めることを判断する人を探してプロジェクト仮説を理解してもらう必要があります**。

大企業は予算取りもありますし、課題もたくさんあって投資の優先順位づけがされます。Aさんにとっては重要ではないと思っても、別の事業部のBさんからすれば重要なプロジェクトだと認識してもらえる可能性もあります。このプロジェクト仮説に共感する人に出会えるまで探す旅に出ていくのです。

入念に準備をしたプロジェクト仮説であれば、お客さまもたとえ自分の担当外であっても「よく自社のことを考えてくれている」と評価して、紹介してくれたり、有益な情報を提供してくれたりします。

また、明らかに投資対効果がある提案だとしても、それ以上に効果のあるプロジェクトを目の前の担当者が抱えている場合もあり、プロジェクトをすぐに企画しないことも往々にしてあります。ただ、このプロジェクト仮説を提案し続けることで提案する分野でマインドシェアを取ることができ、実行のタイミングがきたときに最初に声がかかるようになります。

■③Partner（信頼の醸成）

・プロジェクト化

お客さま自身がこれは会社や事業部にとって重要な課題と認識できれば、現状把握や要件を現場に集めに行きます。そこで当初作成したプロジェクト仮説の検証を行い、本当にお客さまにとってのＲＯＩが出るかどうかを判断します。その際には実現可能性を加味すべきで、崇高なビジョンだけではダメです。

大企業にはさまざまな事情があります。「過去に同様のプロジェクトが失敗した経験があるので当時のプロジェクトメンバーだった常務を説得しないとならない」「社内システムとの連携が必須」「自社の業務ノウハウが詰まったマニュアルがあるのでそこに

図 2-4 ｜ プロジェクトベースの商談フェーズ設計

エンタープライズセールスの行動はプロジェクトベース

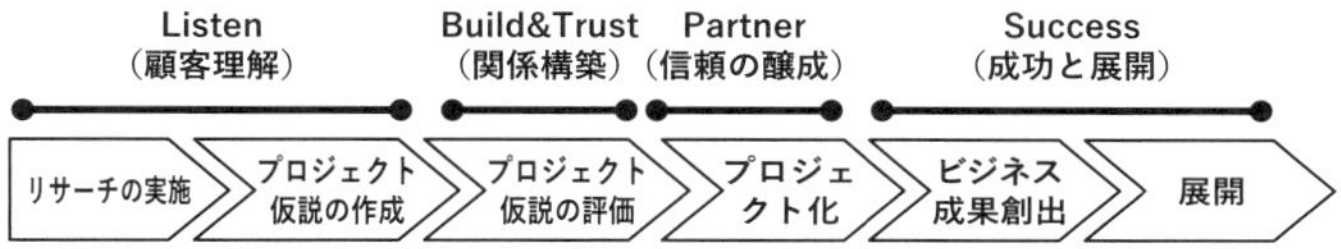

則る必要がある」「セキュリティーの事故があったので国の制度に準拠したものを導入しないとならない」といったお客さまの諸事情を考慮したプロジェクトステップを書かないとなりません。RFP（Request for Proposal：提案依頼書）やRFQ（Request for Quotation：見積依頼書）などお客さまの購買仕様書を書くだけではなく、導入して効果を出すための計画をつくってあげることが必要です。

■ ④Success（成功と展開）

・ビジネス成果創出

契約・導入は始まりであって、現場でその製品・サービスを利用後に企画時に決めたビジネス成果を出すためのフェーズです。営業としては本当に成果が出るのかを定点観測していき、問題点を吸いあげる活動を行います。導入の意図が伝わっていないのか、使い方に問題があるのか、トレーニングが不足しているのかなど、お客さまの導入の担当者と定例会を行いその問題の解決策を考えます。

また成功プロセスを得ることで、お客さま自身に製品の利用推進のプロになってもらい、製品・サービスをうまく活用するための方法や知識を伝えていくことも重要です。自社が継続的に支援をしていかないと成り立たないとなると、いつまでも支援コストが発生してしまいますし、そこからの横展開も検討しづらくなるからです。製品・サービスの利活用の自走を支援していきましょう。

・展開

導入を行いビジネス成果が実感できた場合は、その効果をより多くの社員に広げていくことを行います。

大企業では全国に戦国武将のような独立した権限を持っている事業部・グループ会社が存在し、横でうまくいったからといって「うちは特別だから」と、すぐには自部署に導入しようと思いません。

このようにせっかくうまくいったプロジェクトでも簡単には広がらないため、その導入効果や機能をまとめたスライドをつくり、お客さまの企画部門の一員になったようなイメージで展開計画の支援や各部署の説得を手伝います。本当の意味での説得はお客さま側でしかできないので、その説得のシナリオをつくるための情報やきっかけをつくっていくのが営業の役割となります。ファンづくりをしていくフェーズといえるでしょう。

2-2 エンタープライズセールスのＫＰＩ

それでは次に各営業プロセスを詳細にし、ＫＰＩに落としていきます。定量的に成果と活動を可視化することによって再現性を高めることができます。

▼リサーチの実施

エンタープライズセールスはインバウンド型ではなくアウトバウンド型で新しい着眼点のある仮説提案（プロジェクト仮説）が求められるとお伝えしましたが、そのためにまず必要なのはそのプロジェクト仮説をつくるうえでの〝お客さま情報の数〟です。

アカウントプランを使った顧客理解のフレームワークである３つのマップ（インサイ

トマップ・ポテンシャルマップ・人脈マップ）を後述しますが、顧客の人物像にまつわる情報の取得数をＫＰＩとします。

インバウンド型で見込み客がほぼ入ってこないので、大企業向けに新規で営業活動を始めるときにいきなり見込み客数や案件数をＫＰＩにしてはいけません。何年もその企業を担当していたかのような究極の1to1メッセージを出さないとアウトバウンド型ではアポイントが取れませんし、アポイントが取れたとしてもただの製品紹介では次につながる確率が低くなります。その企業のホームページで中期計画や組織図を把握したり、新卒採用のＷｅｂサイトや業界のインタビュー記事を見て業務を理解したり、社内外の知人をあたるなど、マップの情報を集めることが先決となります。

わかりやすい人脈マップをたとえに出しますと、最初はお客さまの会社に経営企画本部という部署があるのはわかっていても、誰が本部長かはわからない状態です。その本部長の氏名がわかれば1つの情報といえますし、経営企画本部の下に経営企画部と情報管理部の2つの部署があるということも1つの情報といえます。この情報をもとに次にプロジェクト仮説を考えます。

四半期に10件取得するというＫＰＩを置いてもよいですが、できればマップごとに数字を決めていくことをお勧めします。「組織図は把握できたが、その組織ごとの投資領

図 2-5 ｜ エンタープライズセールスの KPI

お客さまプロジェクトベースのプロセス設計

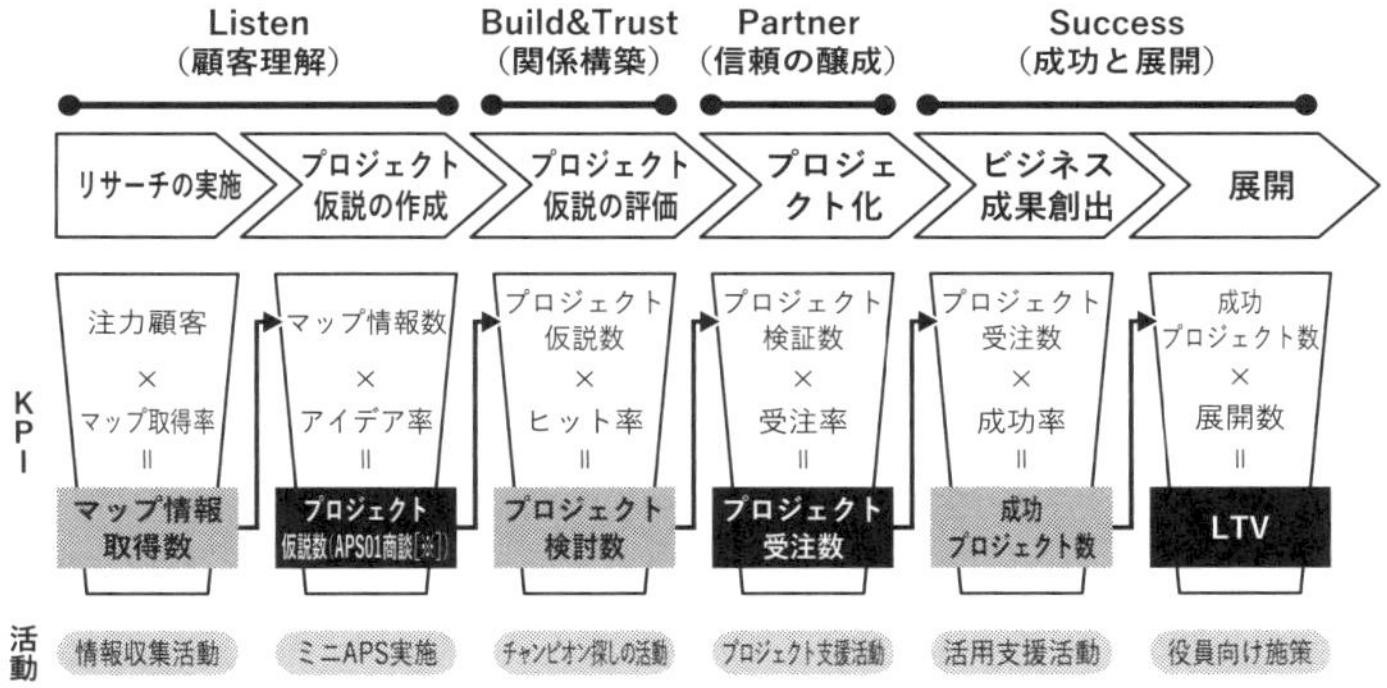

※APS01商談については169ページに記載

域を把握できていないからインサイトマップの情報を集めよう」とか、逆に「会社としての投資領域は理解できたがどこの部署や人が推進するかがわからない」ということであれば人脈マップの情報を集めないとなりません。

また、よく質問を受けるのが「商談を数多く作成できたら情報取得数はＫＰＩから外してもよいのですか？」というものです。この質問は、「プロジェクト仮説を作成することが目的なので、プロジェクト仮説が潤沢にあれば情報は積極的に集めず、むしろその仮説提案を前に進めることに重きを置いたほうがよいのでは？」という意図でされたものです。ただ、これは大きな間違いです。大企業では思っているよりも頻繁に情報が更新されます。組織変更も1年に1回と思われる方が多いのですが、その企業のホームページにある人事に関わるニュースリリースを見てください。年に数回は行われていることが多くあります。また役員が変更されれば方針も変わるので、その配下にある部署も名前は変わらずとも役割が変わることもあります。情報企画部という名前の部署がいつの間にかＤＸプロジェクトを推進することになったり、経営企画部がいつの間にか新規事業創出の責任を持たされたりと、常に最新情報にアンテナを張り巡らせないと誤った営業戦略を立てることになってしまいます。

それを避けるために、営業活動のＫＰＩは情報収集活動数にするのがよいでしょう。私の本部は少なくとも週2件はこの情報収集活動に時間を割いてもらっています。

▼プロジェクト仮説の作成

お客さまの調査フェーズで集めた情報をもとにチームで議論しプロジェクト仮説を作成するのがこのフェーズのゴールなので、この「プロジェクト仮説の作成件数」と「アイデア率」がこのフェーズのＫＰＩとなります。ここが絞り込み型の営業との大きな違いでもあり、ニーズありきではなく、仮説を自ら作成して進めます。

■ プロジェクト仮説のクオリティーチェック

必ず行ってほしいのが、プロジェクト仮説のクオリティーチェックです。あくまで仮説段階なので、極論をいえば何も情報収集活動をせず、勝手な想像で適当なプロジェクト仮説を作成することもできてしまいます。このクオリティーをチェックするには次の２つの方法があります。

・次のプロセスであるプロジェクト仮説をお客さまに伝えて検討フェーズへの移行率を見ていくこと
・プロジェクト仮説の定義を厳密にすること

私の本部では、３－３で後述するスコアカードと呼ばれるプロジェクトのリスクチェックの手法を基準に評価しています。その評価項目の中にある、「ビジネス上の課題の特定」と「コンペリングイベント（プロジェクトの開始時期の妥当性）」と「エグゼクティブスポンサー」が5点満点中３点以上でプロジェクト仮説と認めるようにしています。

これでも質のばらつきを100%防ぐことはできませんが、仮説段階で厳密にしすぎると逆に営業の創造意欲を落としてしまうリスクがあります。検討フェーズに進む転換率が高ければよいかというと決してそうではなく、70～80%とあまりに高い営業はむしろ手堅いプロジェクトしか行っておらず、もっとチャレンジが必要であるともいえます。

またもう1つの注意点は金額です。お客さまの投資領域に沿って、お客さまも気づいていない新しい着眼点を持った仮説提案を行うことは高単価につながります。一方で、十分な価値を提供できず高単価にならないプロジェクトには営業工数を割いてはいけません。結果的に「まずはトライアルを行ってから進めよう」となり、小さな契約からスタートすることは問題ありません。LTVが高いプロジェクトを生み出すプロジェクト仮説を大前提として作成しましょう。

■プロジェクト仮説の誤ったKPI設定

そして、このプロジェクト仮説の件数をKPIにすると新人営業は内勤が多くなる傾向にあります。内勤で何をしているかというとパソコンの前にかじりついて、ネットサーフィンをしてお客さま情報を集めたり、社内のSFA（営業支援システム）やCRM（顧客関係管理）で他社事例を永遠に探したりしてしまいます。情報を取得しても、それを自社の提案に変換することが難しいためです。

弊社の例をあげてみます。お客さまがアジア事業の売上を10％伸ばすために営業の新規開拓チームを結成するという情報をつかんだとします。単純に考えれば「ＳＦＡで営業の新規開拓状況を見える化し、日本から適切な指示を出すことで開拓率をあげる」という仮説提案になってしまいますが、ベテランの営業であれば「販売量が増加するということは、それだけ保守メンテナンスの作業も増えるということ。であればお客さま向けのセルフメンテナンスをするＦＡＱサイトをつくるべきでは？」や、「すぐに採用はできないので、ＥＣサイトでの購入が主流になっているアジアであれば、中小企業からのリピートオーダーはＥＣで行い営業の負荷を軽減させることが大事ではないか？」などの仮説が立てられます。

もちろんお客さまとここまで深い話ができれば、求められる提案を想像することは安易ですが、大企業の場合、この少ない情報から想像して言い当てないと情報をさらに引き出すことができません。

なので、なかなか新人の営業1人でここまで深いプロジェクト仮説をつくることが難しいので、チームでプロジェクト仮説をつくり、ヒアリングした情報をもとにアップデートしたり、次のアクションを検討する会議体「ミニアカウントプランセッション」

（ミニAPS、4－4で詳細解説）[※]を営業活動のKPIとします。営業が取ってきた情報をもとにソリューションエンジニアやマネージャーと「このアジア事業を10％伸ばすという戦略に対してどのような提案が考えられるか？」と、社内事例や製品知識を持つメンバーから意見をもらうことでプロジェクト仮説を個人のスキルに依存せず、組織としてつくれるようになります。

アイデア率もマネージャーは見ておく必要があり、ミニAPSを行っているもののプロジェクト仮説が生まれない場合は、ミーティングの参加者の見直しを行いましょう。同じメンバーで議論し続けると顧客理解が深まる一方でアイデアも画一的になりがちです。2回連続でプロジェクト仮説が生まれなければ参加者を変えるとよいでしょう。

▼プロジェクト仮説の評価

プロジェクト仮説の段階ではプロジェクト仮説の「ヒット率」と「検証数」がKPIとなります。SFAを活用したパイプライン管理を行っている方であれば、いわゆる商談／案件として定義されパイプラインとして認められるのがこのプロセスからです。ですので、ヒット率＝案件化と捉えていただいて結構です。

※ミニAPS（Mini Account Planning Session）：アカウントチームでプロジェクト仮説を実現に向けて前に進めるためのディスカッションを行う会議体

ヒット率は受注率とは異なり高ければよいというものではありません。その会社にいる営業の性格やスキルを見極めて数値を考えてください。例えば、奥手の消極的な営業ばかりいる組織であれば高いヒット率を掲げてしまうと誰もプロジェクト仮説を考えなくなりますので、10％以下に設定してしまい、むしろヒットしなかったことを「ナイスチャレンジ！」と褒めたたえましょう。ただし、案件単価と件数との兼ね合いも考える必要があり、１つ、２つのプロジェクトに営業が工数をほとんど取られてしまうのであれば高いヒット率に設定します。

■ チャンピオン探しの活動

またここで求められる営業活動は「チャンピオン探しの活動」となります。チャンピオンというのはプロジェクトを企画まで推し進めてくれる人のことを指します。役員にも強いリレーションがあり、自らの考えを持っている、改革意識の強い人がチャンピオンとなる素質がある人でしょう。

大企業は仕事が細分化されているので、同じ提案でも部署や役職、社歴が違うだけで、プロジェクト仮説に対する反応が異なります。その反応をかき集め、誰がこのプロジェクト仮説に賛同し進めてくれるのかを探偵のように聞き回っていく必要があります。役員に行けば話が早いと思うかもしれませんが、特に新規開拓の際にいきなり役員に会わせてもらえる確率は低いので、現場からの紹介で探すのがよいでしょう。

また、同じ人に同じ提案をし続けることも大事で、外部環境の変化によってその担当者の心境や仕事も変わります。しっかりと考えられたプロジェクト仮説は、断られたとしても定期的に訪問を行うことでヒットすることが多々ありますので、一度考えたプロジェクト仮説はすぐに失注扱いにせずに、このチャンピオン探しの活動を定期的に行っているかを見ていきましょう。

▼プロジェクト化

このプロセスは従来の絞り込み型セールスと差はなく、「受注率」と「受注数」がKPIとなります。受注率を高めるために行う営業の活動も「提案活動」と称してKPIにしています。中身としてはプロジェクトを進めるために要件定義や展開計画などの企画書を作成し、プロジェクト体制をつくるための支援を行う活動のことを指します。

絞り込み型セールスと比べ、受注率としては高い数値を掲げないとなりません。ちな

図 2-6 ｜ 受注率 25%の真実

チャンスが少ない大手企業向けのエンタープライズセールス
限られたチャンスをものにするために全ての活動の質を高めないとならない

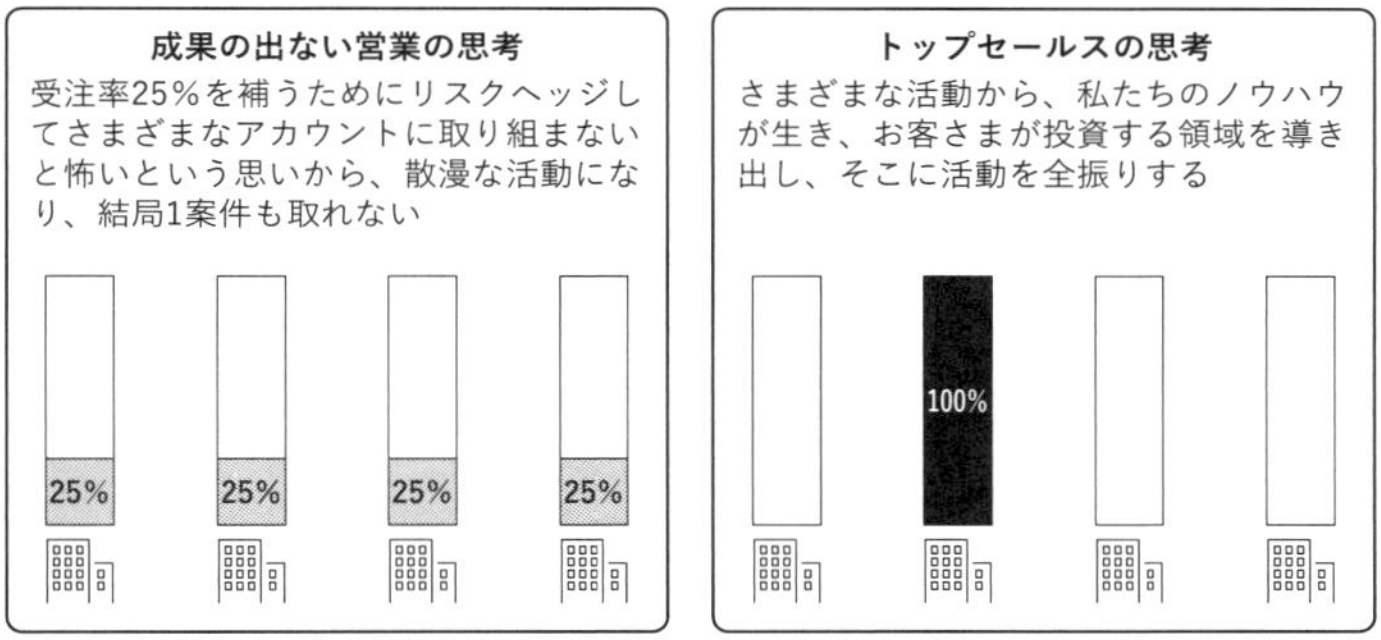

みに私の本部でいえば全体の受注率は25％程度ですが、注力したプロジェクトでは80％以上を目指すようにしています。これは汎用《はんよう》品を販売しているわけではないエンタープライズセールスならではの考え方で、プロジェクト化するまでに非常に多くの工数をかけているので、この1つの案件を取らなければ年間の数字達成もできませんし、同じようなチャンスは2度とこないわけです。ですので、多くのプロジェクトをつくって商談のパイプラインを増やすことが正しいのではなく、そこから注力すべきプロジェクトを定め一球入魂で自分の時間を投入しないとなりません。

▼ビジネス成果創出

ビジネス成果創出のプロセスでは受注したプロジェクトの「成功率」と「成功プロジェクト数」がＫＰＩとなります。ここでお客さまに価値を感じてもらえれば、さらなる横展開が見込めるので、アフターサポートも営業活動の一環として取り組む必要があります。

２回に１回は失敗しますと言われて購入に至るお客さまはいないわけなので、組織としても成功率に関していえば１００％を目指すべきです。その際には、時間軸が課題となり、３か月かけて価値を感じてもらうのか、３年かけて価値を感じてもらうかは商材によりけりでしょう。重要なのはいつどの価値を感じられるのか、成功の指標をお客さまと合意しておくことです。

その指標を支援するための「活用支援活動」がここでは活動のＫＰＩとなります。活用支援は同時に情報収集活動もしやすくなるので、新しいプロジェクトの種もここで入手しやすくなります。既存のお客さまからさらなるＬＴＶが見込めるのであれば、営業はここのプロセスに大きな時間を費やすのがよいでしょう。

▼展開

展開のプロセスでは、「展開率」ではなく、「展開数」と「ＬＴＶ」がＫＰＩとなります。前のプロセスで得た成功プロジェクトで信頼を獲得して、横の部署やグループ会社などの新しい領域への展開を行い、ＬＴＶの最大化を目指します。

その際、「役員訪問」を営業の活動の主要なＫＰＩとして置きます。必ずしも役員とは限りませんが、新たな部署や領域への展開を承認する決済者とのアポイントを組みましょう。単純な表敬訪問ではなく、事前にビジネス成果創出で約束した成功の指標が達成されているかどうか、その課題は何で、次に何を行ったらその指標が達成できるかを報告します。

2-3 エンタープライズセールスの４つの施策

それでは、前述したListen/Build&Trust/Partner/Successの４つのフェーズはどのよ

図 2-7 | エンタープライズセールスの4つの施策

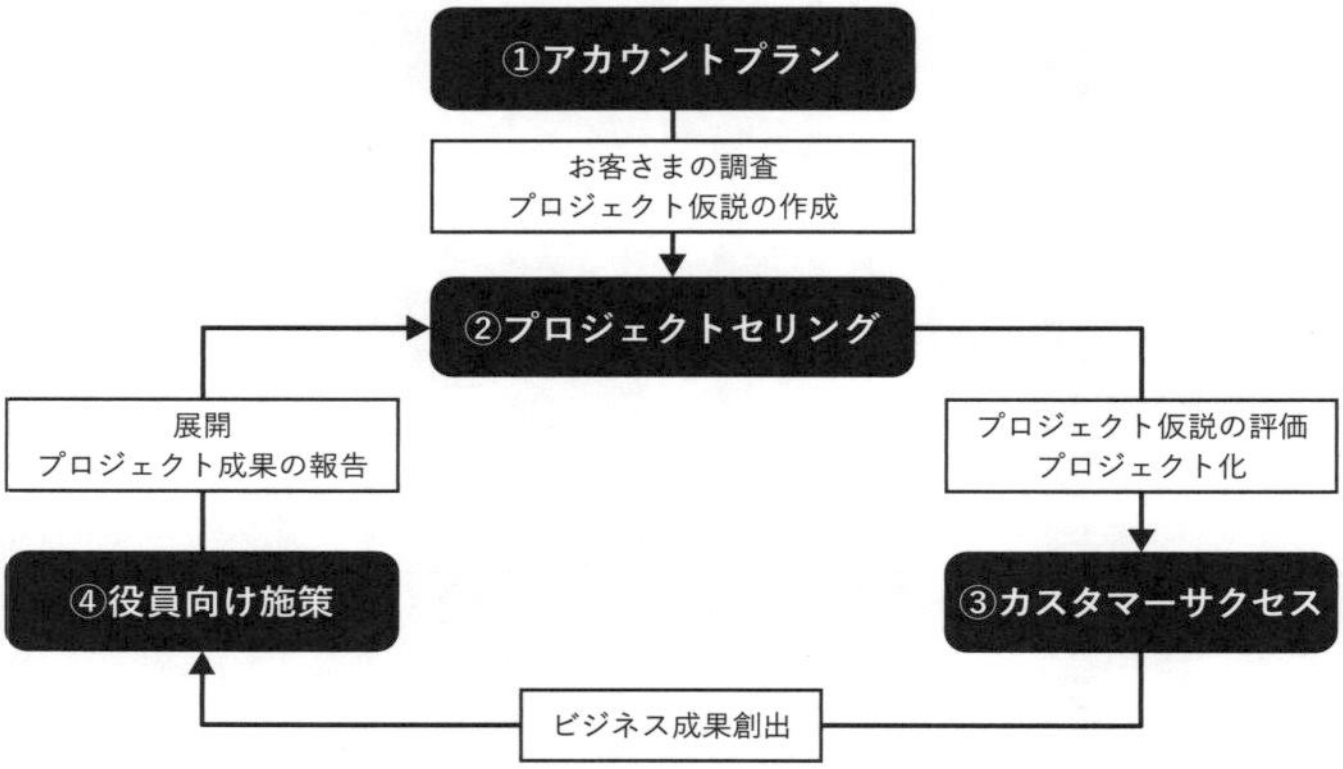

うに効果的に進めていけばよいのでしょうか？ ヒアリング手法やプレゼンノウハウのような個人スキルアップが不要だとは言いませんが、マネージャーとして組織全体をプロジェクトベースのプロセスに向かわせるために、たどり着いたのが本節で解説する4つの営業施策となります。

本節では概要だけを説明しますので、方法の詳細は各章をご覧ください。

▼お客さまを知り尽くす「アカウントプラン」（第4章）

アカウントプランとはお客さまがどのようなプロジェクトを起こし展開していけばよいか、**新しい着眼点（プロジェク**

ト仮説）を提供するための顧客理解のフレームワークです。Listenのフェーズでまず真っ先に営業が着手すべき施策であり、ここがエンタープライズセールスの第一歩となります。

アカウントチームの全員がお客さまの情報を同じだけ理解することで、最短距離でアイデアが生み出せる地図の役割を果たします。

▼プロジェクトの企画／実行を支援するプロジェクトセリング（第5章）

モノではなくプロジェクトを提案し、その成功までの計画を提示していく営業手法がプロジェクトセリングです。非常に高度な営業手法ですが、企画検討の初期フェーズからお客さまと同じ目線で検討をすることで深い信頼を得られ、圧倒的な差別化ができるポジションを築けます。またプロジェクトのリスクを事前に洗い出すなど準備の支援をすることで、信頼を得られるだけではなく、稟議を通す確度とプロジェクトの成功率を高めることもできます。

図 2-8 ｜ ビジネス成果創出で次のプロジェクトへの通行証を獲得する

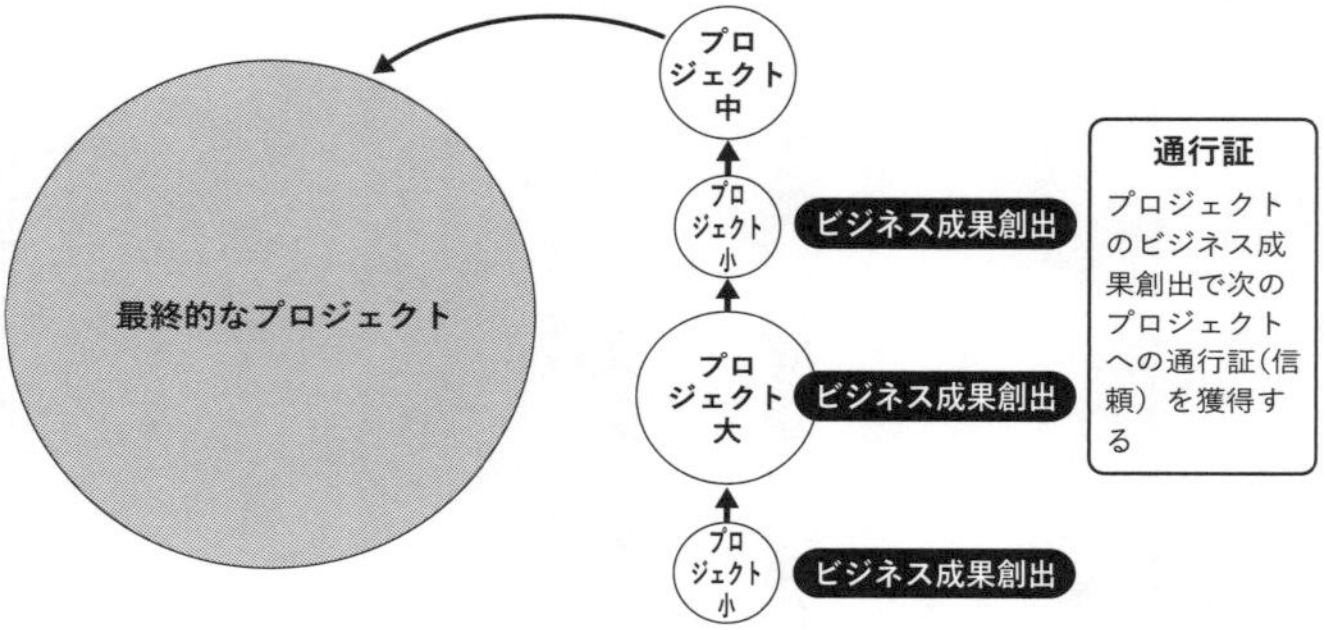

▼エンタープライズセールスが目指すカスタマーサクセス（第6章）

プロジェクトのゴールとして定めたビジネス成果を体感してもらうための伴走支援がカスタマーサクセスです。エンタープライズセールスではビジネス成果創出が果たされない限り次のビジネスを任せてもらうことはできませんので、カスタマーサクセスの活動は既存のお客さまへの営業活動であると認識することが重要となります。

▼長期的なパートナーシップを構築する「役員向け施策」（第7章）

特定の役職の方との接点構築が営業施策となるのはエンタープライズセールスならではです。

図 2-9 ｜ プロジェクトの展開を推進する役員向け施策

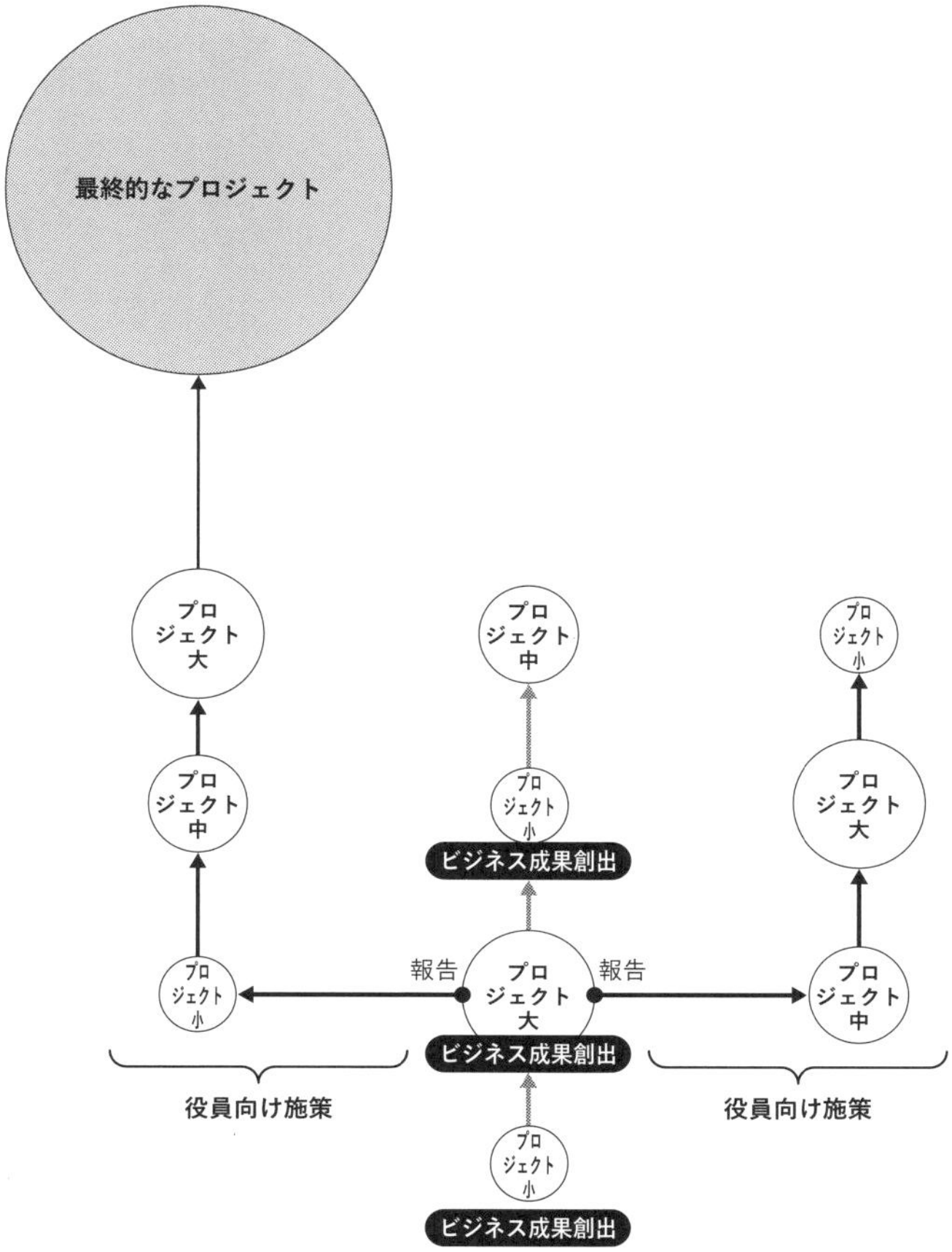

図 2-10 ｜ 4つの施策の連動こそが最も重要

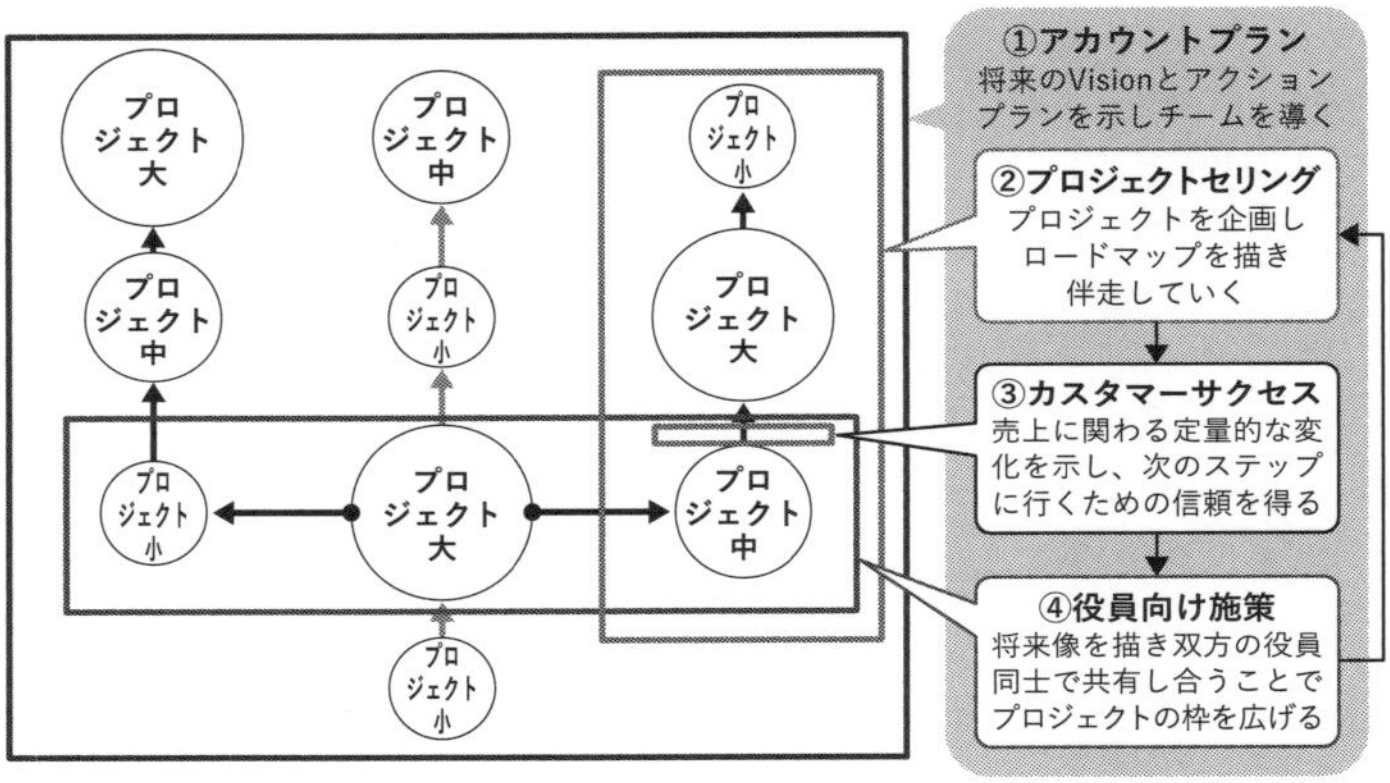

大企業では1人ひとりの仕事が細分化されている中、意思決定や企業の方向性を指し示す役割を担っているのが役員の方であり、最も社内で影響力を持っています。一方で、何千人を束ね重責を担っているからこそ、担当者レベルでは理解できない視座と悩みを抱えており、単純な製品紹介に興味を示すことはありません。

そのような役員の方への訪問や役員向けのイベントを通じて、会社対会社で定期的に会える関係構築を行い、今後実施するプロジェクトの成果を合意することにより、横の事業部への展開や新しいプロジェクトの企画に発展させることができます。

この役員との接点を構築するための訪問やコンテンツ、イベントなどの施策を総称して弊社では「役員向け施策」と呼んでいます。

この4つの営業施策のどれが最も重要かではなく、全てを同時に組織として実行していかないとバランスを欠くことになってしまうということです。例えばアカウントプランをつくっていても、プロジェクトセリングを行わなければ、受動的な営業のままになってしまいプランが絵に描いた餅で終わってしまいます。

逆にプロジェクトセリングを行い企画の初期段階から支援できていたとしても、アカウントプランの顧客理解が薄いとターゲティングを誤ってしまい、大きなビジネスとして継続・定着させることができず、次につなげることもできません。

また、定着化ができていても、役員向け施策ができていなければせっかくの良い内容が横に広がることはなく、逆に役員向け施策ができていても定着化できなければ無駄足に終わります。全てが連動していることが求められるのです。

Column

デジタル社会の陣取りゲーム

大企業に対する営業活動は非常に競合が多く、最終的にお客さまに選んでもらう必要があります。選んでもらうためには、時間・マインド・情報・予算の4つの〝陣取りゲーム〟で勝つことにあります。

第1の陣〝時間〟

最初に、お客さまの時間をもらえないと話が始まりません。この〝最も忙しい時代〟にどのようにしてその時間の一部をもらうか。答えは簡単で、効率よく価値のある情報を提供すること、いわゆる〝タイパ〟です。「いろいろな営業さんがいるけど、君の情報はいつも役に立つね。ありがとう」などと言われることを目指します。お客さまを研究し仮説にもとづいた情報提供が望ましいですが、場合によっては外部のセミナーなど自社サービスに関係のない情報提供も有効です。

第2の陣〝マインド〟

次に狙うべきはお客さまの脳内メモリの割合です。つまり、業務時間内外問わず、そのお客さまが自社や自分のことをどれくらい考えてくれているかということです。この割合が大きければ大きいほど、他者からの提案ではなく〝身内〟からの提案と感じてもらえるようになり、相談ももらいやすくなります。何より自らの脳内メモリをまず先に埋めること、そして第１の陣のアプローチの継続や、積極的な親睦会を通じて関係を深めることも有効です。

第3の陣〝情報〟

お客さまから非公開の情報をもらいましょう。中期経営計画や有価証券報告書のような公開情報は競合企業もアクセスできますが、非公開情報をベースにした提案は、競合企業に対して大きくリードすることが可能です。より具体的な実現性の高い計画を提示して、プロジェクトをお客さまと立ち上げましょう。

第４の陣〝予算〟

プロジェクトをスタートさせ、お客さまの企業全体のＩＴ予算の割合を陣として確保していきましょう。予算も有限であるため、申請のタイミングや稟議プロセスなども正しく理解しておく必要があります。

これらの４つの陣を守りながら広げていくことができれば、お客さまに価値を提供できているといえるでしょう。

第3章 エンタープライズセールスのマネジメント

3-1 注力市場と企業のターゲティング

2：8（にっぱち）の法則は皆さんご存じでしょう。2割のお客さまが8割の売上を稼ぎ出しているという話で、まさにエンタープライズセールスそのものを表しています。これを目指すことがエンタープライズセールスのゴールだと言っても過言ではないでしょう。やはり1つの契約規模が大きくなるのが大企業の特徴であり、中小企業との契約100社分を超える金額になることも珍しくありません。自社にとって2割となるお客さまをつくれるかどうかが、エンタープライズセールスの営業に求められることになります。

図 3-1 ｜ 注力企業の考え方の違い

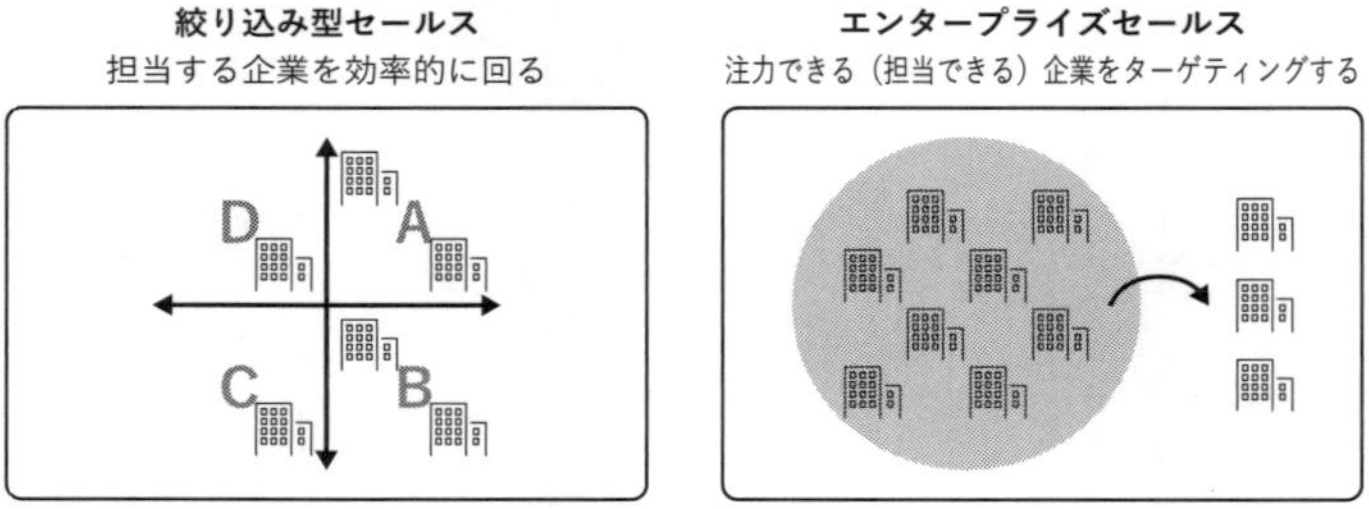

だからこそ、どのお客さまにフォーカスするかが重要で、そこを間違えてしまうと、労力をかけたはよいがそれに見合った成果が得られないということになってしまいます。

▼ターゲティングの目的

絞り込み型セールスにおいてのターゲティングの目的は「担当するお客さま先を効率的に回る」ためですが、エンタープライズセールスにおいては「注力できる（担当できる）企業を選ぶ」ためにあるといえます。

絞り込み型セールスは1人の営業が多くのお客さまを担当（数十社〜100社以上）し、1社あたりの商談日数も短い一方、契約単価が低いという特徴があります。よって、数多くの商談に対応することが売上目標を達成するために必要になります。そのため取捨選択というより、少しでも見込みのあるリードや商談を持っておいて、その効率性を最大化する必要があります。

例えば、売上実績とポテンシャルなどの２軸でお客さまを４つに分け、次のようにお客さまをセグメントし、そのセグメントごとに営業施策を定義し、メリハリをつけた営業活動をします。

〈絞り込み型セールスのお客さまのセグメント〉
- ランクAはフィールドセールスが対応し、週１回は訪問
- ランクBはアウトバウンドのインサイドセールスが対応
- ランクCはインバウンドでリードがあったときだけ訪問する
- ランクDは極力行かない

一方でエンタープライズセールスは自社の複数のプロダクトを1社のお客さまの部署で利用してもらうことを目的としているので契約単価は大きい分、労力が非常にかかり商談日数は非常に長くなってしまいます。よって、このお客さまを1回訪問して次回提案するチャンスの芽がなければ次のお客さまに営業をかけるというわけにはいきません。

図 3-2 | エンタープライズセールスのターゲティング

これをやってしまうと、私はエンタープライズセールスのジレンマと呼んでいますが、成功しない負のループに陥ってしまいます。

「木こりのジレンマ」というたとえ話のように、全く切れない斧《おの》で一生懸命木を切っている木こりを見て「斧を研がないと切れませんよ」と声をかけると「これだけ切れないんだから、斧を研いでいる暇なんてありませんよ」と、自己の目標において最も重要なことの優先順位を下げてしまっている状況と同じです。まさにこのターゲティングでも、お客さまのプロジェクトに注力しないといけないのに、自分の売上が0なので「そんなことをしている暇がない、次のところに行かないと……」と考えてしまう営業をたくさん見てきました。

よって、自分が徹底的に注力する数社を選ぶことがエンタープライズセールスにとってのターゲティングです。逆に言えば担当しないお客さまを決めるということです。

図 3-3 ｜ エンタープライズセールスのジレンマ

目の前の小口案件を理由に、先々の大型案件をつくる/進める活動を後回しにし、自転車操業のような営業活動をする人や組織

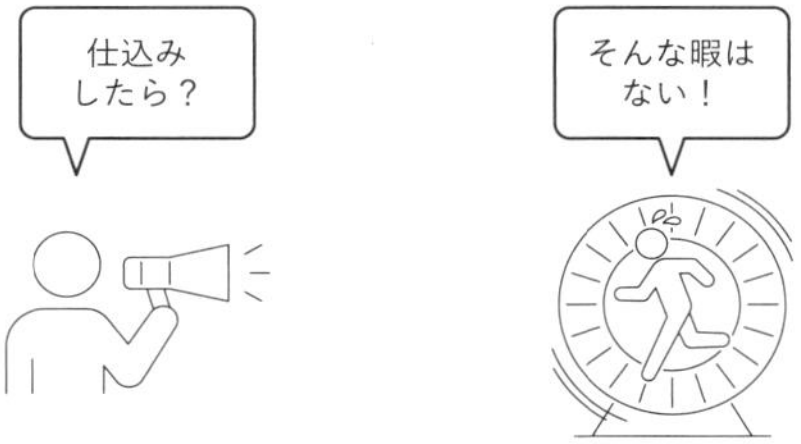
仕込み
したら？
そんな暇は
ない！

そのためセグメント形式ではなくランキング形式を使い、担当する企業と担当しない企業を選別することが重要になります。

▼ターゲティングの軸１「ポテンシャル」

では、どういった基準で企業を選別すればよいのでしょうか。

ターゲティングの軸としては「ポテンシャル」と「難易度」の2軸となります。

やはりまずは「今後の受注金額がどれだけ見込めるか？」というトータルポテンシャルの大きさが１つの指標になります。この１社の中で自社のプロダクトでシェア１００％を占めることができた場合の金額を陣地取りのように考えます。このトータルポテンシャルの試算のやり方はいくつかのパターンに分類されます。

①製品シェア型

部品製造業や素材メーカーなどは、例えば1つの家電を構成する数千点の部品や素材のうち自社製品のシェアがトータルポテンシャルとなります。

②発注額シェア型

資材メーカーなどは1社が年間に発注する額が決まっているので、その最大金額がトータルポテンシャルにあたります。

③拠点数型

人材派遣会社であれば工場や支社数などの派遣できる場所の数であったり、医療機器メーカーであれば病床数などがトータルポテンシャルに値します。

④利用人数型

例えば弊社のようなＳａａＳ企業であれば、「従業員数×ライセンス数（Ｌｉｃ数）×単価」がトータルポテンシャルとなります。

このトータルポテンシャルの試算の仕方は「Ａ推測型」「Ｂ外部データ購入」「Ｃ営業の足で探す」の3つのやり方があります。Ａ推測型というのは、ＩＴの投資額は売上の

図3-4 ｜ ターゲティングの軸1 ポテンシャル

		算出方法	主な業種
ポテンシャル	①製品シェア型	製品や部品の市場シェアをもとに算出	製造業
	②発注額シェア型	年間発注金額やIT投資予算をもとに算出	IT、金融業、資材メーカー、エネルギー、資源
	③拠点数型	物理的な拠点数や生産能力をもとに算出	製造業、エネルギー・資源、運輸・物流、人材
	④利用人数型	サービスのユーザー数をもとに算出	IT・ソフトウエア（SaaS）、ヘルスケア、教育、サービス業

約2%だからとか、社員数の5%程度が設計に当てられるなどの一般論からの推測となります。他にも類似している企業が情報を公開していれば、そこから類推することが可能です。Bの外部データについては、たいてい業界ごとに得意な調査会社が存在しており、その会社からデータを購入するパターンです。ただ、最後はやはりお客さまにヒアリングすることを推奨します。エンタープライズセールスの1歩目はお客さまの調査です。お客さま以外にも、お客さまの仕入れ先や協力会社、自社の代理店などに足を運び調査を行います。

　また、これからさらに売上拡大を急速に目指したい企業の場合は、トータルポ

図3-5 ｜ パレート図：各企業のトータルポテンシャルからターゲット企業を決定

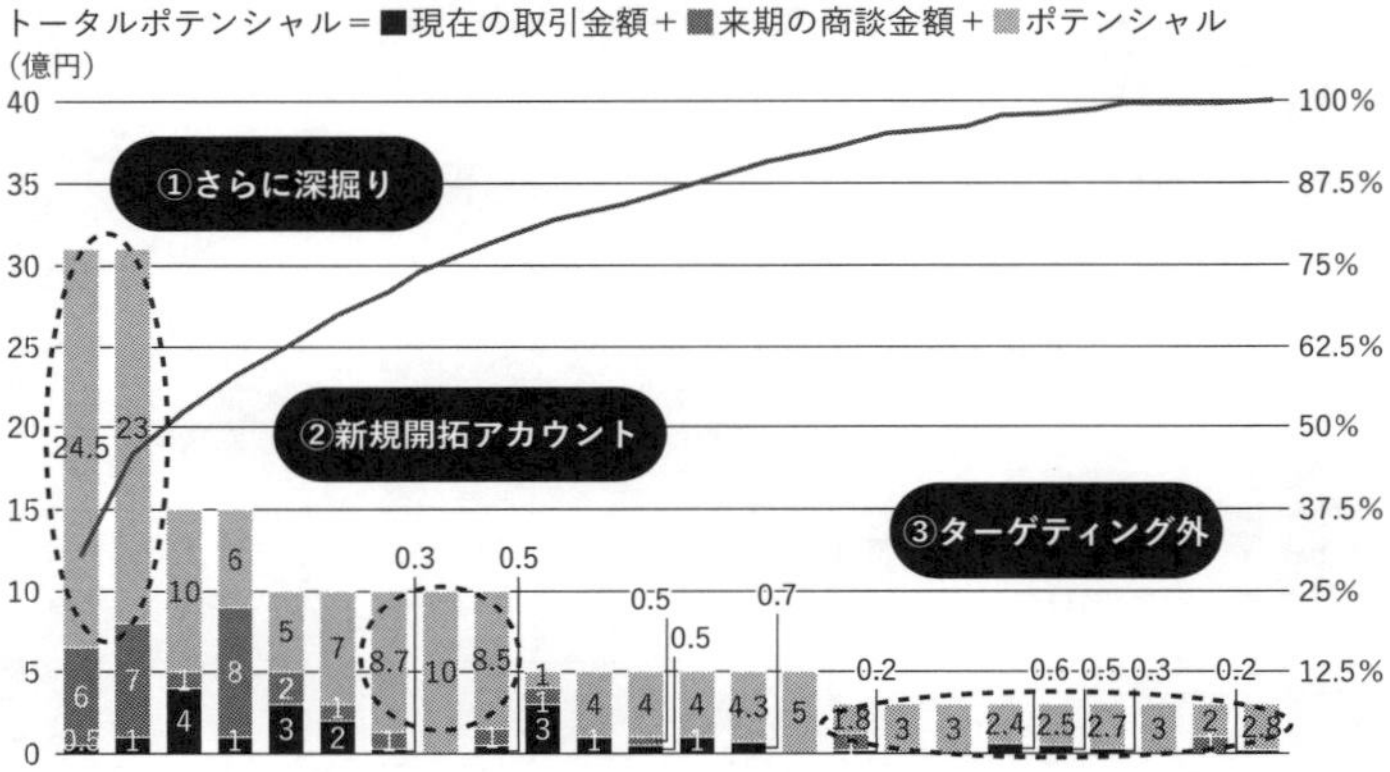

テンシャルから現在の自社の取引額を引いたその差分を基準に選定することもあります。

これらのトータルポテンシャルを算出することができるといわゆる2：8の法則であるパレート図ができあがり、ここから上位の企業を選定します。

▼ターゲティングの軸2「難易度」

次に難易度です。原則、トータルポテンシャルのランキングの上位から担当営業に割り振るのですが、まだ営業組織が小さい場合、全ての大企業を担当できる体力がないこともあります。その場合は難易度を見定めながらさらに選定をします。

難易度はリーチのしやすさ、競合優位性、

図3-6 ｜ ターゲティングの軸2 難易度

難易度	リーチのしやすさ「会えるか？」	過去のリード/名刺数
		過去の失注商談数
		お客さまとの関係性
	競合優位性「勝てるか？」	既存客である
		業界での事例が多数ある
		自社の営業力
	投資優先順位「売れるか？」	業界としてのトレンド
		中計に自社が解決できる単語が入っているかどうか
		売上が伸びているかどうか
		社長・役員が交代
		競合の入り込み状況

投資優先順位の3つの指標を使用します。言い換えると、「会えるか？」「勝てるか？」「売れるか？」という意味です。

仮に大きなトータルポテンシャルがあったとしても、1件も連絡先がなくなかなかリードを取れる業界でもないのであれば時間が相当かかってしまうでしょう。

また、そのお客さまに対して圧倒的なシェアを持つ競合が存在したり、自社がその業界では実績がなく認知もされていなければ提案機会をもらえても選ばれる可能性は低いでしょう。反対に、長い間自社がそのお客さまと取引をしていたり、同業界で多数の事例が存在すれば競合優位性はあると言えます。

そして、投資優先順位はお客さまの中で改革をすべき理由が明確に存在したり、法規制や制度の変更で投資せざるを得ない状況があったり、他にも社長が交代して改革派の人になったりすることも購入確率があがる要因の1つです。一方で赤字が続いている状況や、業界全体が不景気になっているという状況などはマイナス要因となります。

▼目先の数字か？ 将来の数字か？

トータルポテンシャルは大きいが難易度が高いお客さまと、トータルポテンシャルは小さいが難易度が低いお客さま、どちらの優先順位をあげていく必要があると思いますか？

原則はトータルポテンシャルが大きいほうの優先順位をあげるべきなのですが、組織の売上計画との兼ね合いになります。

例えば資金もそこまで潤沢ではなく、目先の売上も組織として必要だということであればこの1年で数字を稼ぐ活動を7割くらいで計画し、残りの3割は大きなトータルポテンシャルを持っているお客さまに時間を費やすなど、バランスを取りながら担当企業を決めていく必要があります。

一方で中小企業担当の営業組織で毎月の売上がある程度堅く見込めていたり、特定の

図 3-7 ｜ テリトリーアサインシート

テリトリーアサインシートとは？
1人の営業が工数を10持っているとする。どこを担当させるかを決めるためのもの

	トータルポテンシャル	工数	25年度売上予測	26年度売上予測	27年度売上予測
A社	20,000	10	0	0	15,000 ……→
B社	6,000	6	2,000	2,000	5,000
C社	6,000	6	0	5,000	6,000
D社	6,000	6	1,000	2,000	4,000
E社	3,000	3	3,000	3,000	3,000
F社	3,000	3	2,000	2,000	2,000
G社	3,000	3	1,000	2,000	3,000

「短期的な売上を最大化したい」
トータルポテンシャルを小さい会社を狙う
E社＋F社＋G社＝6,000

「3年間の売上を最大化したい」
バランスを取る
C社＋E社＝20,000

「28年度以降の売上を最大化したい」
最も大きいトータルポテンシャルの会社を狙う
A社＝30,000
（27年度15,000＋28年度15,000）

業界で大きなシェアを取っていたりと、直近2年くらいは今回新しく取り組む大企業で売上が立たなくてもよいというのであれば、大きなトータルポテンシャルがあるお客さまにアプローチしたほうがよいでしょう。

ただ、トータルポテンシャルが大きなお客さまは競合も多いですし難易度も高い傾向があります。3年かけて開拓をするというのは机上では簡単に言えますが、担当営業からすると3年間売上0になるリスクもあるということなので、離職のリスクが非常に高くなります。

そのためにそれぞれお客さまのトータルポテンシャルだけではなく、難易度を加味して自社としていつどの程度の売上が見込

めるかを計画したうえで、ターゲティングすべき企業のバランスを見極めて決めていくことが求められます。

▼ターゲティングは2度行う

これから新規開拓をしていくというフェーズの組織であれば、ターゲティングは3か月後に見直すことを強くお勧めします。

「さぁ、リストも、担当する企業も決めたので、後はやるだけだ！」と、思われるかもしれませんが、机上だけで決めるというのは少々危ういです。担当する企業を少し多めに選定しておき、3か月くらいで一通り回ってみたうえでもう一度ランキング順位を決めるのがよいでしょう。

実際に訪問してみたら、「すでに他社が入り込んでいた」「まさにこれからプロジェクトを企画しようとしていた」「意外に投資金額が大きかった」など、想定とは違う場面に出くわすことが多いので、その情報を踏まえてリストをアップデートし、注力する企業を再選定しましょう。

面倒だと思われるかもしれませんが、大企業は訪問してみてわかることが多いです。

数万人企業の実情は外部に公開されている情報だけではわかりません。特に難易度についてはなおさらなので、よく「難易度の指標がわかるデータはどこで売っているのでしょうか？」と聞かれることが多いのですが、部分部分では存在しますが、全データを購入できるなんてことはありえません。地道にこれらの情報を集めることが仕事だと思いましょう。

▼マネージャーが「取引を見送るお客さま」を決断する

いずれにしろ、このテリトリーについてはマネジメント層が強いリーダーシップを持たないとなりません。担当営業はやはり担当企業を絞られることを非常に嫌います。1％でも可能性があるのであれば自分のお客さまとして所有権を持ちたいと思ってしまいます。ただ、やはり多くの担当を持つということは全てのお客さまに時間を費やすことになるので、注力すべきお客さまへの活動が薄くなり結果的に「エンタープライズセールスのジレンマ」にはまり、うまく回りません。

やらないお客さまを決めるというのは一見失礼のようにも思えるかもしれませんが、1社ずつ丁寧に対応し、カスタマーサクセスを広げていくことが長い目で見るとお客さまのためにもなります。

近年では、テクノロジーも発達してきているので、チャットボットやAIを使って既存のお客さまのアフターサポートを行う企業も増えてきました。ハイタッチ、ロータッチ、テックタッチとお客さまを3階層に設定し、エンタープライズセールスを行うために担当チームをつけるハイタッチセグメントと、デジタルのみでカスタマーサポートを行うテックタッチセグメントと、インサイドセールスとデジタルを掛け合わせてサポートを行うロータッチセグメントで分けることもよいでしょう。

3-2 チームセリングを実現する組織づくり

▼アカウントチームの必要性

■スーパー営業1人に頼らないチームづくり

エンタープライズセールスの仕事を因数分解すると、Listenの「顧客理解」と

Build&Trustの「関係構築」、Partnerの「信頼の醸成」、Successの「成功と展開」の4つに分けることができます。これを1人の営業が一気通貫で実施するとなると、新規の発掘もできて、提案書も自分でつくれて、クロージングもできて、定着支援もできると、何でもできるパーフェクトな営業が必要となり、なかなか自社での人材育成や外部からの採用は難しくなります。

そこで、この問題を解決するために重要なお客さまに対する専門組織、「アカウントチーム」をつくり、複数人で分業化をしながら対応します。全ての役割を別組織で立ち上げる必要性はありません。組織の中でどのプロセスがボトルネックになっているかを見極めて必要なチームをつくってください。

▼アカウントチームに必要な役割

①お客さま調査担当のインサイドセールス

情報取得については、圧倒的な活動量が必要となります。顧客の中期計画を3年分調べたり、ホームページや人事異動のサイトから組織図をつくったり、採用ページにある社員紹介や転職サイトからお客さまの仕事状況を調べたりと、デスクワークの量もかなり多くなります。また、お客さまへの定期訪問を欠かさず行い、時には懇親のための会食やレクリエーションも行いながらインターネット上に載っていない情報を取りに行く必要もあるので、行動量もかなり増やさないとなりません。これをお客さまのプロジェクト化も支援しながら1人の営業でこなすのは至難の業なので、私の本部ではこの役割をインサイドセールスと呼ばれる内勤の営業が担っております。会社によってはマーケティング部が担っていたり専門部隊をつくったりすることもあります。

②プロジェクト化を実現するソリューションエンジニア

ソリューションエンジニアは、お客さまの企画構想を支援するために、現場のヒアリングや課題の発見と解決策の定義、はたまた、プロジェクトの仲間づくりを行うために社内の勉強会を企画して啓蒙《けいもう》を手伝ったりと、お客さまの右腕となり企画を進めていく必要があります。業界や製品の知見を持ち、さらにそのお客さま固有の事情を加味しながらプロジェクトをリードしていく姿はコンサルタントそのものです。熟練の営業であればこの仕事をこなせますが、まだ経験の浅い営業では荷が重いです。そこでいわゆるプリセールスの技術職が必要になります。手を実際に動かしものづくりを行ったり、設計を行う技術職とは違い、お客さまのゴールを実現するための解決策を考えるので、弊社では「ソリューションエンジニア」と呼んでおります。

③ビジネス成果創出を目指すカスタマーサクセスマネージャー

大企業は特殊な利用法を求めるため製品・サービスをカスタマイズして納品することが多々あり、加えて問題が起こった際の影響も大きいため求められるサービスレベルも非常に高いものになります。そのため、一辺倒のアフターサポートでは通用せず、通常よりも高度なサポートメニューを有償で契約することがあります。そこでは、製品・サービスの機能を熟知して、導入のための操作説明やトレーニングを行ったり、トラブルがあればすぐに駆けつけて不具合を探し修理や改善を行わなければならず、弊社ではカスタマーサクセスマネージャーがその役割を担っています。

④アカウントマネージャー

前述したメンバーでチームをつくると、本当に大規模なお客さまを担当するアカウントチームであれば10人や20人を超えることも珍しくありません。そこで重要なのは、どこにどれだけの人のリソースを配置するかの采配となります。

これからよりグループ会社に展開をしていくというサクセスフェーズの事例を紹介し

ます。カスタマーサクセスマネージャーが既存の1つのプロジェクトにかかりきりになり、成果は出ていたものの関連会社に対してこの取り組みの認知が足りていない問題がありました。認知拡大に割く工数がカスタマーサクセスマネージャーにはなかったので、そこでインサイドセールスを活用支援の定例会に参加させたり、お客さまの支店で簡単な操作説明会をしてもらいました。プロジェクトの知識を身につけてもらった段階で、「岡山支店でのAさんが非常に成果を出しており、御社でもその使い方はとても参考になると思います」と提案し、その後のグループ会社への連絡はほぼ100%でアポイントを取ることができました。

また、とある製造業のお客さまから過去最大規模のプロジェクトを任せてもらえそうなときがありました。そこでは活用支援担当者もお客さまの組織づくりのアドバイスや導入後のKPI設計支援など、プリセールスのような動きをしてもらいました。お客さまもこれから導入後伴走してくれる担当者の顔が見えたのと、支援内容の疑似体験ができたことから安心感を持ってもらうことができました。

このようにお互いの仕事の責任範囲を時には超えてワンチームで乗り越える必要が出てくるので、その権限を営業に渡すことが重要となります。逆を言うと、このリソース配置ができない営業には重要なお客さまを任せてはいけません。もちろん担当営業の経

図 3-8 | 各ステージに必要な役割・組織

新しい分業と協業のあり方をつくる

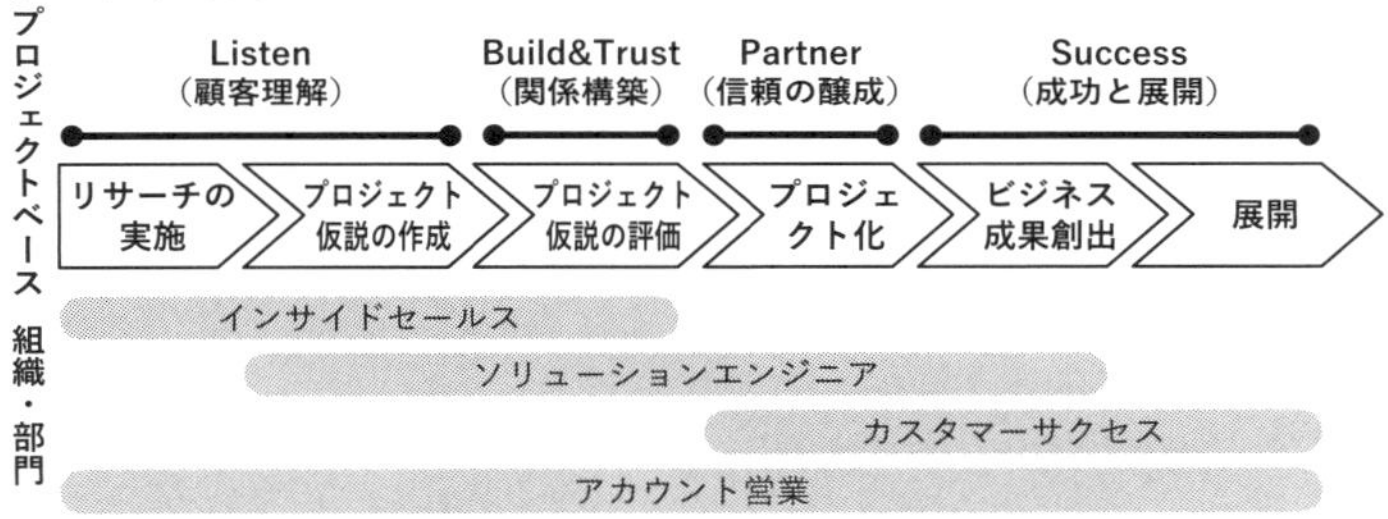

験がまだ浅い場合はこのアカウントマネージャーの役割を管理職が担うケースもありますが、現場を最も理解している担当営業に権限を渡すほうがよいです。

また、自社内で複数の事業部が同じお客さまを担当していたり、国をまたいで同じお客さまにアプローチをする際には、それらの営業の取りまとめ役としてグローバルアカウントマネージャーであったりキーアカウントマネージャーのようなさらに1つの上の職務を置くケースもあります。

④についてはいわゆる営業が期待される役割なので、①～③について次で詳しく解説します。

▼プロジェクト仮説を考えることがインサイドセールスの役割

従来のインサイドセールスはアカウントプランを理

解し、お客さま情報の取得と、プロジェクトチャンピオン探しやプロジェクト支援者の育成、エグゼクティブといった人脈の拡張をサポートし、プロジェクト起案数（商談の案件化）に貢献します。

従来のインサイドセールスは、ホームページからの問い合わせやイベント・展示会からの見込み客に対してアプローチを行うインバウンド型と、特に連絡先がなくても代表電話や手紙からこちらから仮説提案をぶつけるアウトバウンド型に分類されていました。ただ、インバウンド型はそもそも大企業からはそこまで多くのリードがくることはないのでエンタープライズセールスには適さないですし、アウトバウンド型も新型コロナをきっかけに案件化させることの難易度があがってきました。あらゆる業種でウェビナーやホワイトペーパーなどによりインターネット上にある情報が増加したことも影響し、よほど質の高い提案でないとアポイントが取れなくなっています。

大企業担当のインサイドセールスは回り道が大事です。1つの電話やアポイントですぐに商談が生まれることは稀ですので、3つのマップ（4－2参照）に関する情報取得をゴールに活動することが必要です。キーマンにアポイントが取れない理由は会う価値がないと思われているからです。会ったこともない会社からのメールを信頼しろというほうが無理があるでしょう。逆を言えば会ったことがあり、会う価値がある内容であれ

図 3-9 ｜ エンタープライズセールスにおける初回訪問のゴールとは？

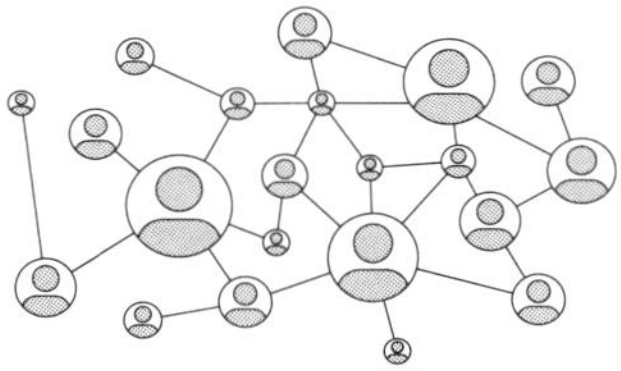

継続的に会える関係性づくり

ばアポイントが取れるわけです。

■ Why you, Why nowを意識する

会う理由を考えるためには、そもそも提案内容を考える必要があるわけです。アポイントの理由だけを一生懸命考えてしまうと、テクニックに走ったり、多少誇張してしまったりします。アポイントが取れても、訪問時に期待値に外れた提案だと感じさせたら、そのお客さまは二度と会ってくれることはありません。エンタープライズセールスにおける初回訪問のゴールは定期的に会える関係性づくりなので、このようなアポイントを増やすことは、長期的に見て大きな損失となります。

企業にとって人とつながるという資産を持つことは非常に重要です。人との強いつながりがあると、お客さま側から連絡が届くなどし、お互いに情報を得やすくなります。

■ 優先順位の指導

インサイドセールスの部署が存在するもう1つの理由が、この情報活動をルーティンのように定期的に行えるということです。人数が多い大企業では日々社内の情報も変化があります。

担当営業は既存の商談やプロジェクトが複数走ってしまうとついそちらの優先度をあげてしまいがちで、情報取得活動がおろそかになってしまいます。そうなると、半年間その部署に訪問していないだけで、実は検討が再度始まり別のベンダーに声がかかって知らない間に負けてしまっていたなんてことが日常茶飯事で起きてしまいます。

そのためにも半強制的に情報取得のアポイントを設定する存在が重要となってくるのです。

■ 情報取得アポイント用の準備物一覧をつくる

既存の商談も行いながら情報取得活動を行うとなると営業負荷が問題となります。特に事前準備が大変で、毎回毎回そのアポイントのために準備をするとなると多くの情報活動をすることができなくなってしまいます。

そのために初回訪問・定期訪問するための資料は一式つくってしまいましょう。その

図 3-10 ｜ エンタープライズセールスの初回訪問準備

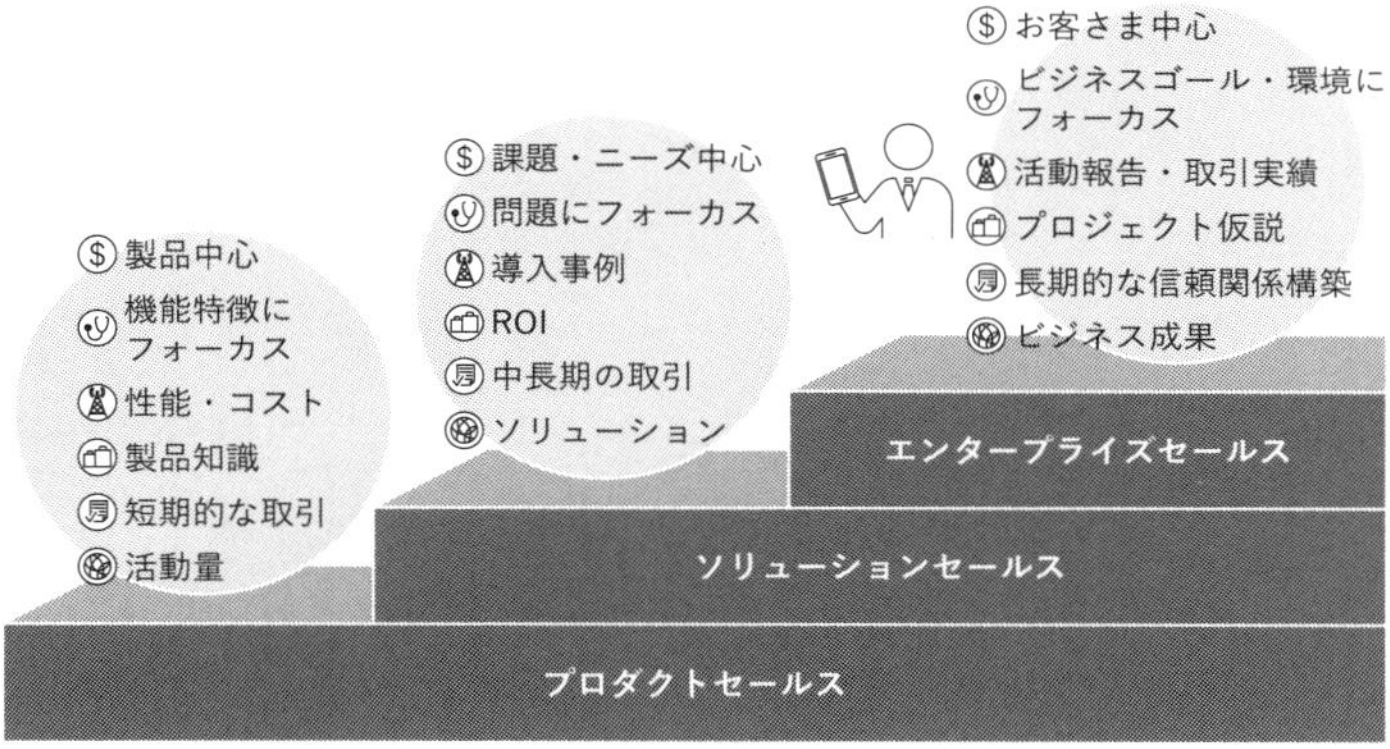

中身として入れておくべきは次の３点です。

・活動報告
・取引実績
・プロジェクト仮説

特に活動報告と取引実績については大企業ならではです。大企業は自身の隣の部署が何をしているか知らないことが多く、その企業内でのニュースを届けるだけで喜ばれます。たとえ喜ばれなかったとしても、失礼にはあたらないコンテンツです。お客さまの部署では関係のない事例だったとしても、間違いなく興味は持ってくれますのでお勧めです。

■固有名詞はアポイントの扉を開ける暗号キーとなる

「海外営業部のAさんと会ったことがあります」

「先月貴社の新設された海外営業部においてご紹介したい事例がありまして」

「最近受注数が多くて工場がパンク寸前と伺っておりますが」

など、その企業内でしか知り得ない情報を持っていると一気に信頼感が増し、話を聞いてみようかとなります。

新型コロナ前に比べると、メールによるやり取りが増えたといわれています。お客さまが受け取る営業メールも数倍に増えたということなので、目が肥えてきていますし物理的に1通の案内に目を通せる時間も減ったわけなので、よほどその人の興味関心に合った内容を送らないと会ってくれなくなってしまいました。そのためにもこの固有名詞を使うということは相手の暗号キーのようなもので、「よく知っているね」と会う理由をつくってくれるきっかけになります。

■カラーバス効果「人は見たいものしか見ない」

普段家から駅まで歩いている道に青色のものがいくつあるか覚えていますか？

急にこのような質問をされても答えられないと思いますし、おそらくそんな目で駅ま

図 3-11 ｜ カラーバス効果

人は見たいものしか見ない

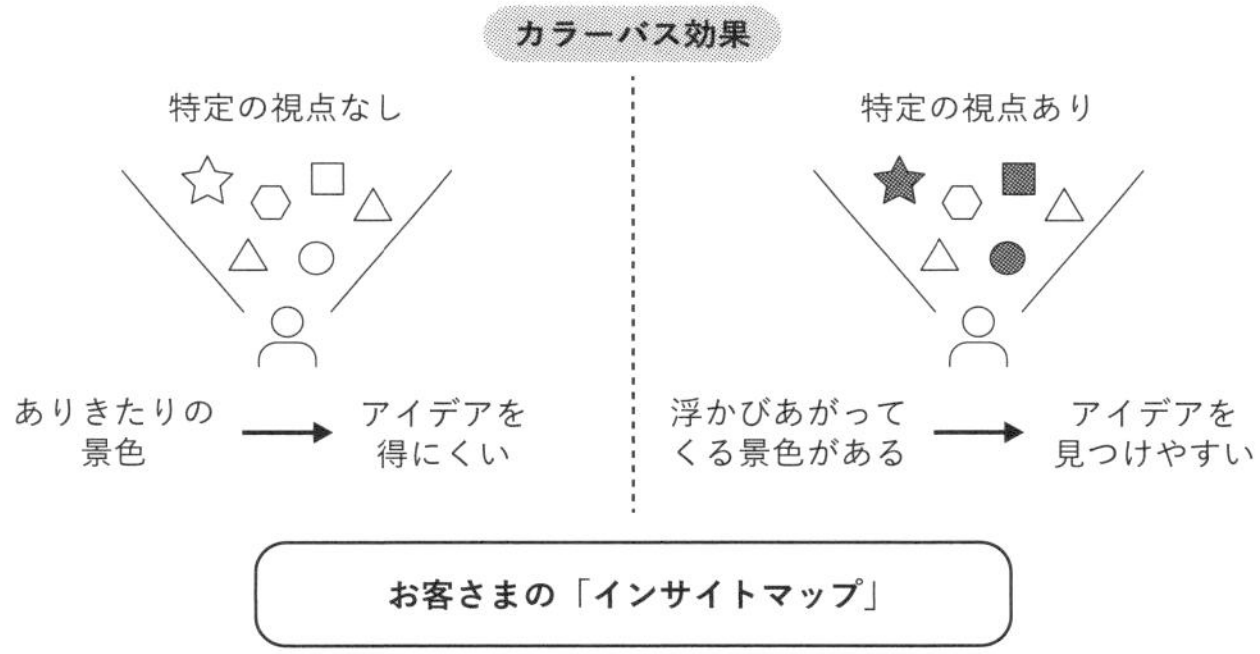

での道を眺めたことはないと思います。ただ、意識すると人はその目的に合わせて物事を見るようになります。

これは特定の会社にフォーカスするエンタープライズ営業にとって重要なことです。1社にフォーカスすると決めたのであれば、普段何げなく読んでいた新聞も「この最近の中国の台頭は電子部品業界にとって厳しいニュースで、そうなるとグローバルの競争力をあげるために営業へ投資が進むかもしれない」と思うかもしれませんし、友人と話していても「その企業に知り合いがいるなら紹介してよ！」となるかもしれませんし、読書中に「この話術は今の担当の人に響くかもしれない」などと、全てその特定の1社のために変換をして考えることができます。これが数少ない会社を担当する営業にとって求められることで、チーム全員がカラーバス効果を身につけて議論することができれば、チームの総合力が格段にあがります。

▼ソリューションに責任を持つソリューションエンジニア

大手企業向けの売り物、売り方の多い企業においては、アカウント営業とともに技術営業やシステムエンジニアなどの技術に責任を持つ部門や役割が設置されているケースは多いと思います。

アカウント営業1人で大手企業の背景や複雑なニーズを理解し、提案できる製品・サービスを最適な形で組み合わせて提案するソリューションを組み立てることは非常に難易度の高いことで、知っている製品だけで提案してしまうなどの属人化が起きやすいです。

■高度なソリューションにはビジネスと技術の両輪が必要

お客さまのビジネスゴールを実現するソリューション作成を行うソリューションエンジニアの役割は、プロジェクトのビジネス成果をベースに長期的な信頼関係の構築をしていくエンタープライズセールスにおいて非常に重要になってきます。これはお客さまの現場の困りごとを解決するだけでは必ずしもビジネス成果を出す結果には至らないからです。

■エンタープライズセールスのエンジニアに必要な3つの顔

エンタープライズセールスでは１つのプロジェクトが他のプロジェクトに関係することもあるので、プロジェクトが問題なく進むように他システムとの連携やその順番を考慮する必要も出てきます。

インダストリービジネス、ＩＴプロジェクトマネージャー、エンタープライズシステムアーキテクトと同じような役割を担う必要があるわけです。

ビジネス知識と高度な技術の両輪が必要なので、アカウント営業と二人三脚で役割分担と協業をしながら、最適なソリューションをつくりあげていくことが望ましいと考えています。

■エンジニアがつくる仮説商談

このように優秀なエンジニアがお客さまの複数のプロジェクトに関わる期間が長くな

ると、信用が積み重なりさまざまな相談をいただく機会が増えてきます。そしてプロジェクトの準備の過程でお客さまの業務理解やシステム構成理解、今後の予定などさまざまな情報がエンジニアのところにたまり始めます。

アカウント営業がお客さまのビジネスの方向性や戦略、優先順位、組織や人に関して詳しくなっていくのと同じように、エンジニアは自社の製品の利用に関わる業務や関連するシステム、例えば利用している製品の情報や更改時期、どの部門が製品の選定に関わっているかなどに詳しくなっていくのです。

そこにアカウント営業が得てきたビジネス戦略の情報が加わると、「このような提案をすればお客さまのビジネス成果に早く到達できるのでは」というアイデアが出てくることが大いにあります。

弊社ではこういったアイデアを出し合う場として月次や隔週でアカウントチームが仮説商談について話し合う機会を設けることを推奨しています。

▼製品営業

製品営業はその製品を誰よりも知っているスペシャリストです。

アカウントチームに参加し、アカウントチームの戦略を実現するための仮説商談やソリューションのアイデア出しを行ったり、お客さまへ製品やソリューションを紹介する際に製品のスペシャリストとしてプレゼンやベストプラクティスの紹介を行います。

製品を単品で販売するのであれば製品営業だけで販売するケースはあるかもしれませんが、お客さまのゴール実現のためプロジェクトベースで提案する場合複数の製品を組み合わせてソリューションをつくることも珍しいことではありません。むしろ組み合わせることでビジネス成果が何倍にも出せることのほうが多いです。

複数製品を組み合わせたソリューションをつくる場合には、アカウントチームに製品の機能や価値を知り尽くしたスペシャリストとしての顔が求められます。

その活用方法や価値を事例や具体例とともに紹介し、アカウント営業やソリューションエンジニアと分担・協業することで、お客さまのプロジェクトゴールを達成する最も効果の高いソリューションをつくることに協力します。

▼カスタマーサクセスマネージャー

プロジェクトの準備・構築が終わり、運用や利用が開始したら、活用の定着とビジネス成果創出を実現していくための支援を継続して行う必要が出てきます。詳しくは第2部の第6章で解説しますが、この活用のノウハウやベストプラクティスの提供、活用を阻害する問題解決の支援を行い、プロジェクトのゴールであるビジネス成果創出に導きます。

利用を開始したお客さまの営業部にSFAを導入したが、現場は商談の更新が滞っており、最新状態が把握できないため、エクセルで数字を集計して役員に報告してしまっていることなどは、何も手を打たずに利用をスタートしているとよくあることです。これが1年継続すると当然ながらプロジェクトのゴールは達成できず、成果が出ていないので「解約します。今後はもういいです」ということになります。また、このような事態にならないためにも、カスタマーサクセスマネージャーは契約後からの参画ではなく、提案の早期フェーズから参画が求められます。導入後必要となる定着活動を予測することで、お客さまに将来創出できるビジネス成果から逆算したスケジュールを提案することができ、それがお客さまからの信頼感につながります。

■ エンタープライズセールスのカスタマーサクセス指標

一般的に解約率がカスタマーサクセスの指標として紹介されることが多いですが、解約率はあくまでも最低限のカスタマーサクセスのＫＧＩ（Key Goal Indicator：重要目標達成指標）です。大手企業を相手にするエンタープライズセールスは１人の営業が１社か多くても数社を担当し、その企業と継続的に取引し、他事業部や別の売り物を展開していくことで営業個人の目標を達成するためです。

プロジェクトの不成功という信用失墜を取り戻すには年単位での信用の築き直しが必要になり、新規開拓以上に険しく困難な道のりになることは間違いありません。

そのためにも、製品をどれだけ活用しているかの利用度だけでなく、その製品・サービスを使ったプロジェクトのビジネス成果が最終的に出ているかをＫＰＩに置き、信用を獲得していく活動をしていくことが総契約金額を拡大していく何よりの近道です。結果的にこの活動が、従来のカスタマーサクセスの指標である解約率や更新率にも結果的に貢献することになります。

サクセスフェーズでは営業が主体的に動く必要がありますが、カスタマーサクセスマネージャーもアカウントチームの一員として継続的にそのお客さまのビジネスや業務、製品の利用方法、そして現状の利用課題を理解し、改善方法を提案する必要があります。お客さまの社内でうまく利用しているチームの利用方法を他の部門に紹介するため、時にはお客さま先で利用事例コンテストや発表会などをお客さまと企画したりします。

3-3

エンタープライズセールスのマネージャーの数字管理

▼エンタープライズセールスのマネージャーの最も難しく重要なスキル

経営者にとってエンタープライズセールスチームのフォーキャスト（業績目標管理）は頭を悩ませる問題です。

エンタープライズセールスは2：8の法則により、特定の会社やたった1つの大型プロジェクトがその月の売上のほとんどを占めてしまうということが少なくありません。そのため、その1つのプロジェクトが売上を見込んでいた月からずれてしまうと経営に多大なインパクトを与えてしまいます。このような理由から、狙ったプロジェクトを期日通りに受注できるか判断するためにフォーキャストを実施することがマネージャーに求められます。

▼絞り込み型セールスとエンタープライズセールスのパイプライン管理の違い

フォーキャストを行うためにはパイプライン管理を重要視するマネージャーも少なくないでしょう。

中小企業担当チームの場合、商談数が多く単価も大体同じなので、売上計画の予測がしやすいです。例えば、現在１００のリードがあれば、商談化率が40％で受注率が30％なら、12件の受注が見込めます。売上が目標に達しない場合でも、商談のランクを確度別にＡＢＣに分け、確度の高い商談が失注したらランクＢの商談を狙ったり、リードを供給したり、過去の失注商談を掘り起こしたり短期間でリカバリーすることが可能です。また商談日数が１～２か月程度のため、１年以上先の売上予測ではなく直近３～４か月先を見通して四半期ごとにＰＤＣＡ（Plan-Do-Check-Action：計画、実行、評価、改善）を高速で回すことが求められます。

一方、エンタープライズセールスでは商談日数が長く、１つの商談が失注するとすぐに数字をリカバリーすることが難しくなります。特にプロジェクト仮説から仮プロジェクト化するタイミングは1か月後の場合もあれば、時には1年以上、数年かかるケースもあり、お客さまの状況によって変わるため単純な計算式では推し量れません。なので、

図 3-12 ｜ パイプライン管理の違い

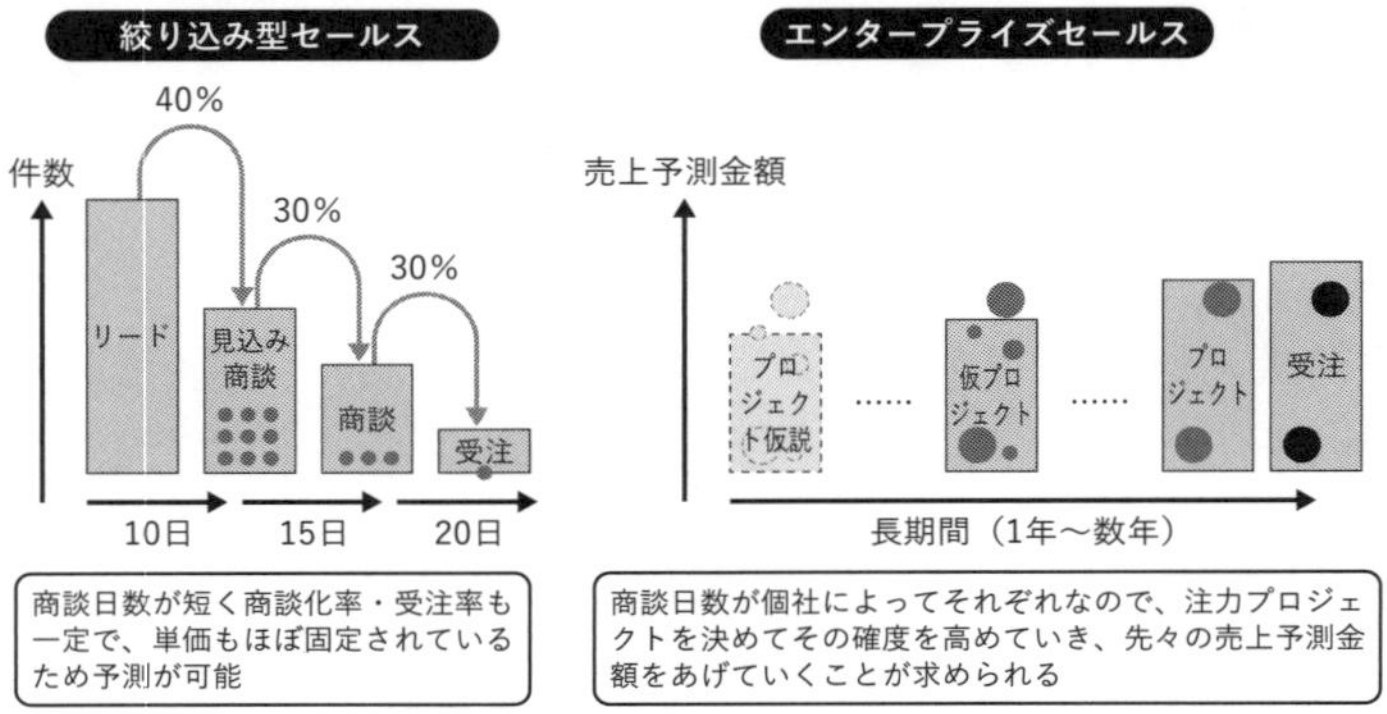

図 3-13 ｜ エンタープライズセールスのパイプライン管理

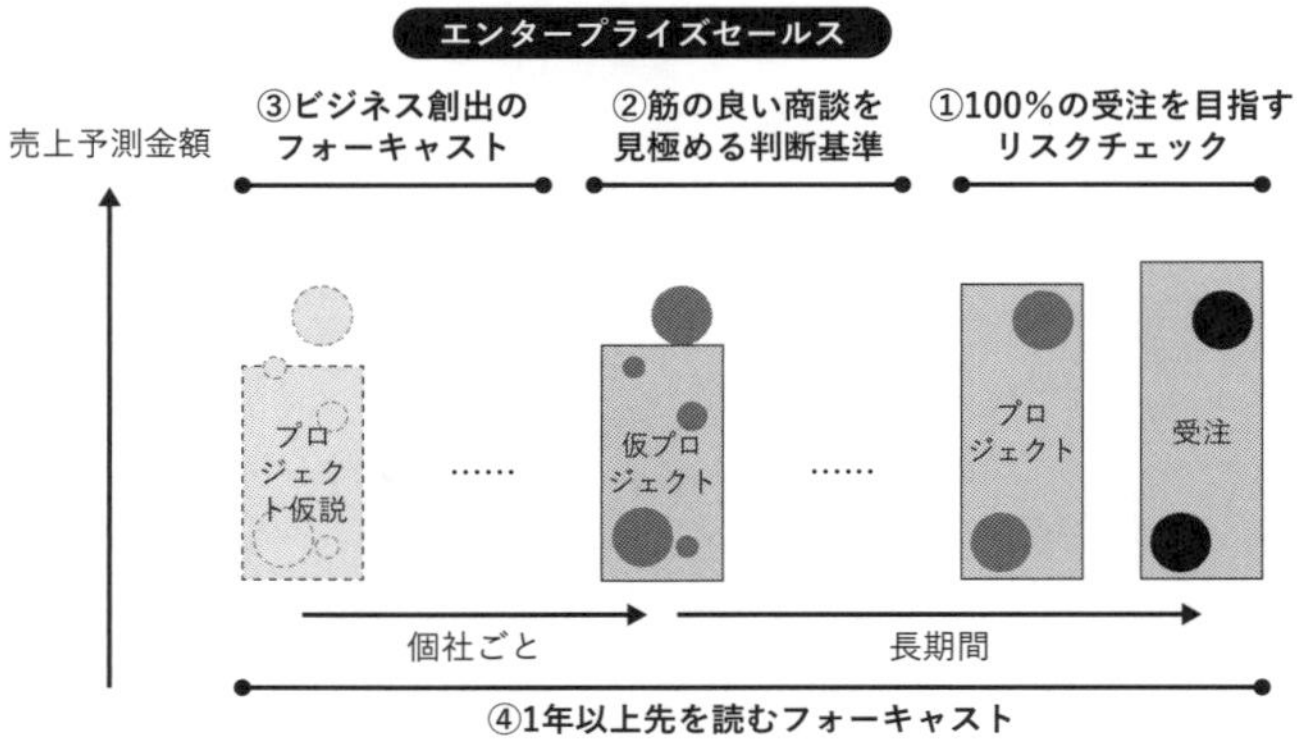

エンタープライズセールスでは、注力する大型プロジェクトは１００％の受注率を目指す必要があります。これがチームの売上の核となるのです。

ただ、その核となるプロジェクトを実行するにはチームとして多大なリソースを要求されるので、注力すべきプロジェクトを見極める力が必要です。

また、数少ないプロジェクトから選ぶので、目標達成のために確度の低いプロジェクトや今後大きくなる見込みのないプロジェクトを重要だと申告する営業マネージャーが出てきてしまいます。そこで定期的にビジネスを創出するフォーキャストがエンタープライズセールスのマネージャーに求められるのです。

▼①注力したプロジェクトを１００％受注するリスクチェック

■ スコアカードレビュー

正確な売上予測をするためには、大型のプロジェクトの数字を外してはいけません。ただし、大企業のプロジェクトは本当に複雑で、私自身何度となく思った通りに行かなかった経験をしています。ただそれの多くの原因は２−１で伝えた、購買プロセスベースではなくプロジェクトベースで営業プロセスを考えるという点に行き着きます。

図 3-14 ｜ サクセスセリングメソドロジー（SSM）

トップ 20% の営業がヒアリングしていた内容を商談項目にしてヒアリングを徹底

受注予定日の根拠	お客さまが受注予定日までに契約をしていただける理由	受注へのリスク	懸念事項 製品とのギャップ
活用方法	どのような業務で利用するか	競合との差別化要素	競合への優位性
最優先事項	お客さまが実現したいこと	社内とのつながり	役員とのつながり
ROI	お客さまの効果への期待値	エグゼクティブスポンサー	社内の商談スポンサー（支援する役員）
意思決定者	お客さまの最終意思決定者	予算承認状況	予算は承認済みか？

エンタープライズセールスのゴールを案件の成約ではなく、プロジェクトの成功と捉えると、プロジェクト企画に必要なタスクであるビジネス成果の合意や、プロジェクト体制の構築などもプロジェクト進捗とともに商談進捗の重要な鍵になってきます。そうすると商談のレビュー方法も変わってきます。

もともと弊社では商談マネジメントの方法として、サクセスセリングメソドロジー（SSM）という商談の項目を使って商談を管理していました。これはトップ20%の営業が必ず聞いていることを整理し、商談の入力項目にすることで、マネージャーがヒアリングできているかを確認できるようにしたものです。一般的にはBANT情報のような言い方で同様の項目を管理している企業も多いでしょう。

ＳＳＭで確認すべきことが整理され、項目として定義されるので、絞り込み型営業では十分利用できる手法ですが、２つの課題がありました。

１つ目の課題は売るためのお客さまの購買プロセスだけをもとにしたチェック項目になってしまっているということです。カスタマイズ性の高い製品や売り物が複数あり、製品を組み合わせて販売するエンタープライズセールスでは、プロジェクトの進め方が複雑になってきます。しかし、プロジェクトを前に進めるという観点でのレビューが抜けてしまった結果、プロジェクトを開始するにあたって必要な導入パートナーを含めた体制がまとめきれていなくて、商談が長期化したり、失注してしまったり、プロジェクトのゴールであるビジネス成果とその方法が合意されていないことにより、結果としてビジネス成果につながらないといったようなことが発生します。

お客さまにとっては製品・サービスの購買は、あくまでも本来目的としているビジネス成果を出すためのプロジェクトタスクの１つでしかないのです。エンタープライズセールスでは、プロジェクトベースでフェーズを前進させることができているかをレビューすることで案件進捗のリスクを最小化し、受注までの期間の短縮を実現できます。

２つ目の課題はマネージャーの案件レビューやアドバイスの属人化です。マネージャーは商談をレポートで一覧化し、商談ごとに金額・フェーズ・次のアクション・契約までの道筋、SSMの内容を毎週部下とチェックを行います。このレビュー方法は、記載されていないところのヌケモレをチェックするという意味では一目瞭然ですが、問題は書いてある文章の質をレビューする際にマネージャーのスキルの属人化が発生してしまうところです。

例えば、ROIの項目に、「導入後10％売上向上」とシンプルに書いているのと「導入後、市場データを使い新規開拓において投資意欲が高い企業をターゲティングすることが可能になり、新規開拓の案件化率が20％あがることによって、売上10％向上を見込める」と書いてあるのとでは、雲泥の差があります。ただ、前者の内容でよしとしてしまうのか、「結果しか書いていないから、なぜ10％あがるのかその根拠を書こう。難しければ30分私と1 on 1で一緒につくってしまおう。来週セットしておいてください」と指示をできるかで、次のフェーズに案件を進められる確率やスピードは大きく変わります。

■ マネージャーのアドバイスを標準化したスコアカード

1つひとつのチェック項目はプロジェクトのリスクチェックをするという前提でつく

られています。そして、そのチェック項目は5段階の点数でどの状態になっていれば何点という形で定義されており、評価のブレを極限までなくしています。

さらに、このスコアカードはリスク低減の観点で一緒に商談を進めていくソリューションエンジニアのスコアカードも定義されています。多くの業界で営業と技術はペアで動くことがあると思いますが、その技術側の視点でプロジェクトの進捗スコアをつけてチェックすることで商談リスクを最低限に抑えているのです。カスタマイズ性が高く、プロジェクトに技術的観点が必要となるような製品を販売している場合にはこのように両者で商談をチェックするとよいでしょう。

往々にして営業はポジティブにスコアをつけてしまう傾向にあり、技術はリスクを技術観点で客観的に判断して数字をつけることが多いです。両者の点数に大きな乖離《かいり》がある場合はリスクと捉えることができる工夫を行っています。

実際のスコアの定義については、プロジェクトリスクを加味しながら各社それぞれで決めていく必要がありますが、私の本部のスコアカードの例を図３－15、図３－16で紹介していますので、参考にしてください。

スコアカードには、なぜこの点数なのかの事実と根拠、次の点数にスコアをあげていくために何をすべきかを記載します。

図 3-15 ｜ 営業のスコアカード

No.	項目	採点方法（参考）		
		1-2	3	4-5
1	ビジネス上の課題の特定	課題を整理している	プロジェクト仮説を提示し、お客さまが検証中	(4)プロジェクトの目的とビジネス成果を定義 (5) 何もしなかったときのリスクを提示
2	コンペリングイベント	コンペリングイベントの根拠が弱い	コンペリングイベントはあるが、完了予定日の根拠は弱い	完了予定日に対する明確なコンペリングイベントが設定されている
3	予算と決済者承認	予算確保の見通しが立っていない	予算の承認可能性が高く、購買プロセスも理解	決済者からの承認と合意を得ている
4	意思決定プロセス	あまり明確でない	プロセスと承認者は明確だが、意思決定の基準が不明	プロセス・承認者・意思決定基準が明確
5	ビジネス成果・ROI	お客さまからの根拠情報の提示待ち	ドラフト作成中	ビジネス成果・ROIに対してお客さまの合意を得ている
6	ソリューションの適合性	製品とギャップがあり、競争力に欠ける	多くの開発・カスタマイズが必要	機能面での適合性において明らかな優位性がある
7	競合とのポジショニング&差別化	不明または不利	互角	明確な差別化ができている
8	パートナーとの連携	リソースまたはスキル不足	どちらともいえない	(4)連携済みだがリスクあり (5) パートナーと連携済み
9	役員との関係性（エグゼクティブスポンサー）	接点なし	接点はあるが連携やスポンサーシップが弱い	決済者を含めて深い関係が築けている
10	影響者と決済者の関係性把握	影響者と決済者を十分に理解できていない	影響者と決済者の一部とは連携済み	(4)全ての影響者を把握し、決済者との連携もできている (5)複数の人脈が築かれ、人脈マップが明確になっている
11	プロジェクトの方針	検討中	プロジェクト方針と必要なリソースの案を策定	プロジェクト計画策定と承認済み

図 3-16 ｜ 技術のスコアカード

No.	項目	採点方法（参考）		
		1-2	3	4-5
1	業務プロセスと機能実装の調査	把握が不十分	ビジネス成果創出のためのプロジェクト仮説を説明し、調査中	ビジネス成果創出のためのプロジェクト仮説を相互理解し、そのために必要な機能要件を合意
2	コンペリングイベント	コンペリングイベントの根拠が弱い	コンペリングイベントはあるが、完了予定日の根拠は弱い	完了予定日に対する明確なコンペリングイベントが設定されている
3	ITインフラとアーキテクチャの調査	把握が不十分	把握中	調査完了
4	プロジェクトの体制	追加リソースの必要なし	リソースが特定され調整中	必要なリソースを確保
5	ビジネス成果・ROI	お客さまからの根拠情報の提示待ち	ドラフト作成中	ビジネス成果・ROIに対してお客さまの合意を得ている
6	ソリューションの適合性	製品とギャップがあり、競争力に欠ける	多くの開発・カスタマイズが必要	機能面での適合性において明らかな優位性がある
7	競合とのポジショニング&差別化	不明または不利	互角	明確な差別化ができている
8	パートナーとの連携	リソースまたはスキル不足	どちらともいえない	(4)連携済みだがリスクあり (5) パートナーと連携済み
9	役員との関係性	接点なし	接点はあるが連携やスポンサーシップが弱い	決済者を含めて深い関係が築けている
10	ビジョン・ロードマップ	中長期の議論ができていない	ビジョン案は作成中	プロジェクト仮説とビジョンが明確になっている
11	インプリメンテーションの方針	検討中	方針と必要なリソースの案は策定	方針が明確になり承認されている

意思決定基準をまだ聞けていないのであれば、「翌週の12日に部長へ見積もりを提示する際に直接役員会の日程と各決裁者の意思決定基準をヒアリングする」などと記載します。

このアクションを営業自身が考え、マネージャーがレビューすることでレビュー項目の見落としやプロジェクト停滞のリスクを最小限に抑えて、進捗を促していくことが可能になります。

実際、スコアカードを始めた直後に行ったアンケートでは、若手の営業や中間層の営業から、案件を前に進めるためにやるべきことを、マネージャーにレビューを受ける前に自身で考えることができるようになったと前向きな声が多く出ました。

Step1

営業と技術のスコアカードを1つの画面に二分割で表示します。

Step2

1つひとつのスコア判断の事実と根拠を発表します。

Step3

そのスコアをあげていくための次のアクションを記載して説明し、マネージャーや技

図 3-17 ｜ スコアカードレビューの実際の進め方

参加者営業、技術、マネージャー

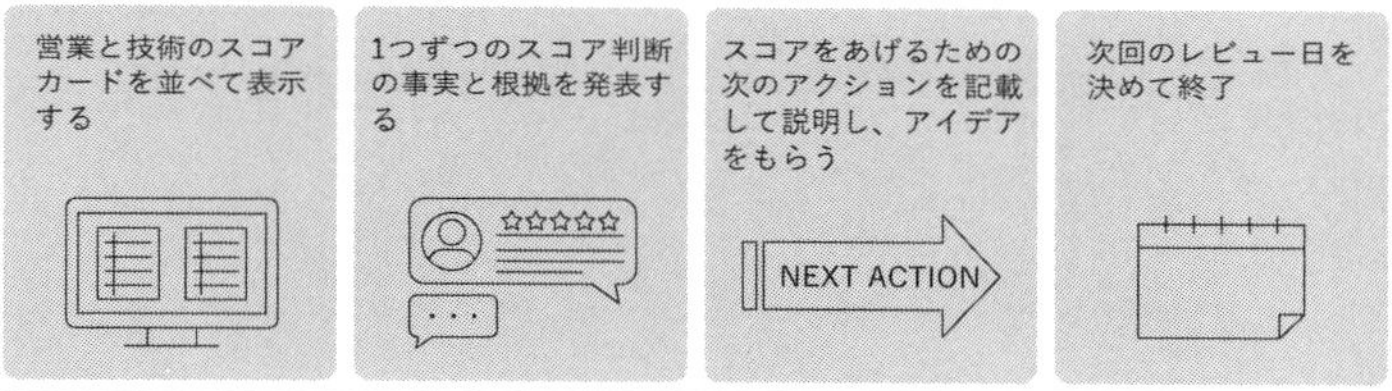

開催のコツ

次のアクションで決めた内容の実現日程を考慮して、「来週再来週と提案を詰めていくので、次回は3週間後のレビューでお願いします」と次の日程を決める

術担当からアドバイスをもらいます。

Step4

次のスコアカードのレビュー日を決めて終わります。

ここでのコツは2週間に1回や月1回と定期的に行わないことです。定期的に行うと特に進捗していなくても実施することになり、あまり中身のないレビューになってしまいます。次のアクションで決めた日程を考慮して、「来週再来週と提案を詰めていくので、次回は3週間後のレビューでお願いします」と次の日程を決めていきましょう。

■ 実践例その1 萩尾さん

「5000万円以下であれば常務のハンコで発注ができるそうです！常務はうちに好意的です

図 3-18 ｜ スコア判断の実践例

以下の状況の場合意思決定プロセスは何点？

案件①萩尾さんのケース

5,000万円以下であれば常務のハンコで発注ができるそうです！

常務はうちに好意的ですし、役員の○○さんも以前会っていただいているので、かなりこの四半期でのクローズが前に進んだと思います

意思決定プロセス：2点

現状：承認者は聞けているが、意思決定プロセスが聞けておらず、最終意思決定者の常務の意思決定基準も不明なので2点
次のアクション：意思決定プロセスを明確にして3点にあげる

案件②柳原さんのケース

なかなか商談が前に進まず苦しんでいます……。

佐藤課長に稟議をあげて12月15日の経営会議にかけてもらいますが、リスクがあります。

経営会議には常務と専務と社長が参加予定で、そこで承認されれば翌日経理から発注なのですが、業績役員が反対しているので困っています

意思決定プロセス：3点
CFO/決済者につながるお客さま社内の関係性把握：3点

現状：意思決定プロセスと承認者は明確になっているが、承認者の意思決定基準が聞けていないので3点
次のアクション：承認者の意思決定基準を確認して4点にあげる

し、役員の○○さんも以前会っていただいているので、かなりこの四半期でのクローズが前に進んだと思います」

スコアカード

・意思決定プロセス：2点

現状：承認者は聞けているが、意思決定プロセスが聞けておらず、最終意思決定者の常務の意思決定基準も不明なので2点

次のアクション：意思決定プロセスを明確にして3点にあげる

■ 実践例その2　柳原さん

「なかなか商談が前に進まず苦しんでいます……。佐藤課長に稟議をあげて12月15日の経営会議にかけてもらいますが、リスクがあ

ります。経営会議には常務と専務と社長が参加予定で、そこで承認されれば翌日経理から発注なのですが、業績役員が反対しているので困っています」

スコアカード

・意思決定プロセス：3点

・CFO／決済者につながるお客さま社内の関係性把握：3点

現状：意思決定プロセスと承認者は明確になっているが、承認者の意思決定基準が聞けていないので3点

次のアクション：承認者の意思決定基準を確認して4点にあげる

■ スコアカード運用のコツ

このスコアカードレビューという手法はレビューする側もされる側も労力がかかります。全ての商談で実施をすると運用が破綻するリスクもありますので、一定の金額以上や、プロジェクトの重要度や案件金額などスコアカードレビューを行う対象商談を決めていきましょう。

また、スコアカードのレビューを開始するタイミングとしては、重要度が高い商談で

あればお客さまの調査段階から実施しても全く問題ありません。商談レビューというとある程度商談が進んでからスリップリスクやロストリスクをレビューしていくことをイメージされることも多いですが、プロジェクト初期はどう支援してよいのか悩み、結果としてプロジェクトが進まず、停滞してしまうケースも多いので、これから何を確認してスコアをあげていけばよいのかという指針としてスコアカードを使うことが可能です。スコアをあげることができれば結果として、プロジェクトの進捗率が高まり、商談ロストのリスクが減ります。

▼②筋の良い商談を見極める判断基準

「うちのエース級の営業とエンジニアを投入したのに失注してしまった……」

いくらスコアカードをもとにリスクをチェックしたとしても、さすがに失注が0にはなりません。ただし注力具合は同じなのに受注率に差が出るケースは、注力するプロジェクト・商談の見極め方が間違っているからです。では、何をもって見極めればよいのでしょうか？

プロジェクトには営業から見て可変の要素と不変の要素があり、これらに着目します。

図 3-19 ｜ 不変の要素はお客さまに確認が必要

Listenフェーズの仕事として、まずは不変の項目を確認していく

例えばプロジェクトの体制やＲＯＩなどはプロジェクト初期では決まっているはずもなく、むしろお客さまと一緒につくりあげていくものなので、営業の頑張り次第でどうにかなる要素です。では不変の要素は何かというと「今、プロジェクトを開始すべき理由」と「チャンピオンの存在」だと考えます。

「今、プロジェクトを開始すべき理由」というのは、むしろ可変の要素ではないかと思う方も多いでしょう。お客さまに提案をして価値を感じてもらうことそのものが営業の仕事なので、それはもちろん間違いではありません。ただ、大企業は課題を何百何千も抱えており、優先順位を常につけることを求められます。プロジェクト仮説を持っていくと「その通りだ！」と共感を得られるのですが、いざ「ぜひ進めましょう！」と言うと「今は別のプロジェクトで忙しくて」と断られることが往々にしてあります。

この数多ある課題の優先順位が事業計画なので、その計画に則った提案をしないとお客さまは動いてくれません。それが「今開始すべき理由」なのです。ここを変えようとすると中期経営計画をつくるのと同じくらい大変で、大手の経営コンサルタントでもないと動かせません。ですので、２－１でお伝えしたListenフェーズのプロジェクト仮説がお客さまに響くかどうかが重要になってくるのです。

そしてそれを推進してくれるチャンピオンの存在が次に求められます。いくら会社としてやるべき理由があっても、それを推し進める人がいなければその後のプロセスは営業が1人でどう頑張っても大きな組織は動きません。規模は大小あれど会社の中の大人数を動かすプロジェクトであれば、求心力のある人が必ず必要となります。その人に巡り会うまではいくら関係各所に提案をしても、いずれそのプロジェクトは壁にぶつかると心がすぐに折れてしまい解散してしまいます。

スコアカードでいえば、「ビジネス上の課題の特定」と「コンペリングイベント」と「エグゼクティブカバレッジ」のそれぞれが3点以上になれば会社として注力に値する条件が揃っているといえるでしょう。

▼③ビジネス創出のフォーキャスト

一般的にフォーキャストというと、業績目標管理のことを指しますが、エンタープライズセールスの場合、もう1つフォーキャストがあります。それが新規のビジネス創出です。

エンタープライズセールスの場合、10件訪問したら1件ビジネス創出ができるかというと、そういった確率論が通用しません。お客さまの投資タイミングもありますし、予

図 3-20 ｜ ビジネス創出の仕組み

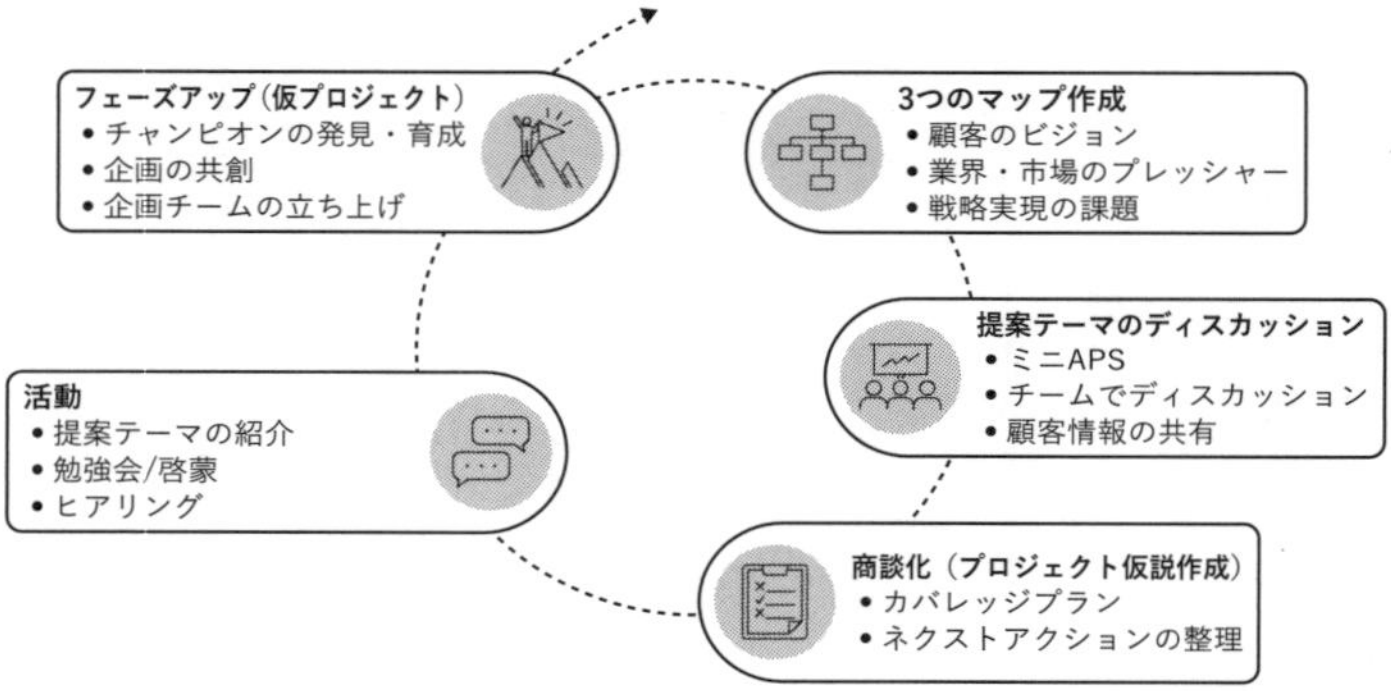

算もありますし、プロジェクトの人員が揃っているかなど企業ごとの変動要素が多すぎて活動との相関を取ることが非常に難しくなっています。そのため、数字目標に行かないとわかってからビジネス創出をしようとしても間に合わない可能性が高いです。また、大規模プロジェクトが動いてしまうと、そこに時間を取られてしまい、その大規模プロジェクトが一段落したときに次のビジネスがなくなってしまうということもあり、毎月定期的にビジネスを創出しているかをマネジメントする必要があります。

それがこのビジネス創出の仕組みです。

前述したプロジェクト仮説ですが、仮説をつくって満足してしまったり、一度お客さまに伝えてみてダメだったら諦めてしまうということが往々にしてあります。仮説を仮プロジェクト化にするためにアクションプランを立てたものの、受注間際のプロジェクトに時間と意識を取られてしまうこともあります。

そこで図３－20のような形でビジネス創出を見える化し、仮プロジェクト化を何月何日までに行うかを明示します。

仮にこのまま行くと目標のビジネス創出金額に到達しないことがわかれば、ミニＡＰＳ（４－４参照）を行うことを指示し、プロジェクト仮説を追加でつくります。もし、ディスカッションを行うに値するほど情報が集まっていなければ、３つのマップの情報取得に注力をさせます。このようにビジネス創出のプロセス管理を行うことで、今までエンタープライズセールスにおいて予測が難しかったビジネス創出が予測可能になるのです。

▼④１年以上先を読むフォーキャスト

プロジェクトは１００％受注を目指すと伝えましたが、それでも大企業のプロジェクトは非常に予測が難しいので、複数の指標を用いて売上の見込みを管理します。意思とファクトに分けて数字を見ていく必要があります。

■ 現場とマネージャーのダブルチェック

弊社ではマネージャーが1つひとつの商談に意思入れをする管理項目があり、Manager Forecast Judgementと呼ばれています。

その中はIN/UP＋/UP－と3つの種類に分かれており、定義は以下となっています。

・IN：商談受注確度80％以上。チームとして狙う商談。リスクはあるが完了予定日内にクリアする自信がある商談
・UP＋：商談受注確度30％～80％未満。リスクは把握できていてクリアするシナリオも描けているが完了予定日内に終わらないリスクがある商談
・UP－：商談受注確度30％未満。リスクすら把握できていない商談

これは同様に、担当営業は達成予測、最善達成予測、パイプラインという項目を選択することになっています。

このＩＮとUP＋（担当営業の場合、達成予測と最善達成予測）を足した数字をコミットと呼んでおり、会社に報告をする数字となっております。いわゆるこれが意思入れの数字となります。

図 3-21 ｜ Manager Forecast Judgement

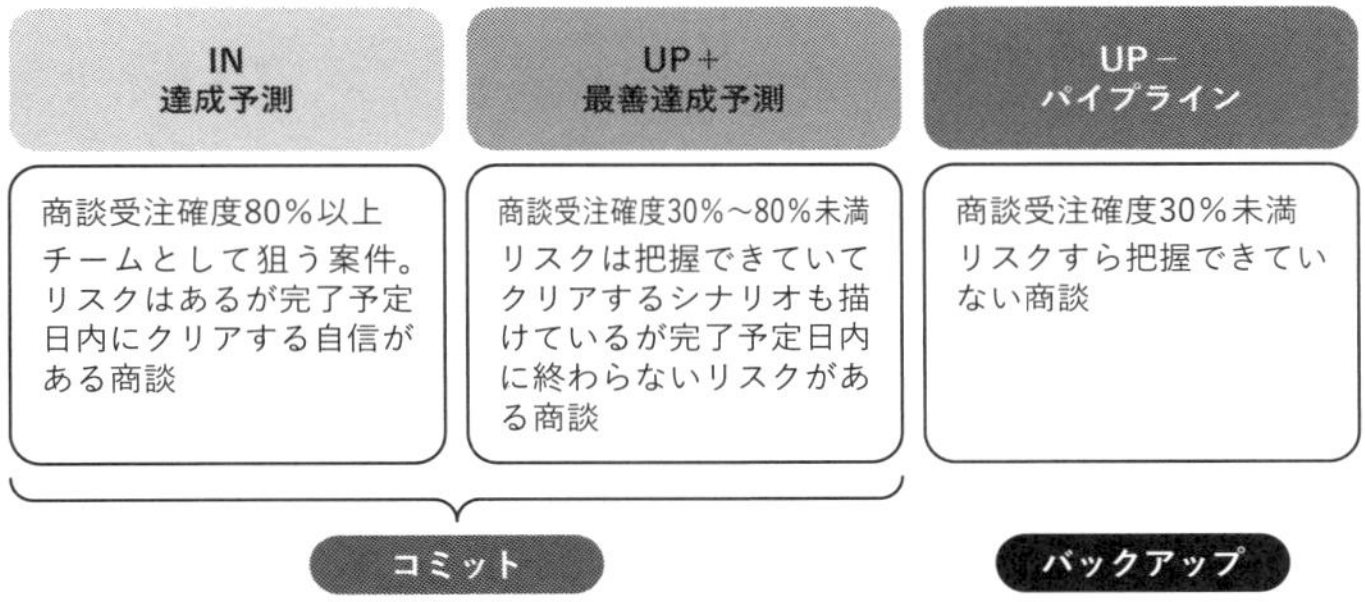

中小企業担当のフォーキャストとなると現在1億円の商談があるから、そのうち30%が決まるとして3000万をコミットにする。ただし半分くらいはリスクがあるから残り7000万からいくつか決まるだろうと仮定する、という数字の組み方をすることが多いでしょう。

商談が少ないエンタープライズセールスでこれをやってしまうと、全て決まらなくなってしまいます。何回も言いますが狙った商談は100%の受注率を目指すのがエンタープライズセールスの宿命なので、核となる商談は四半期ごとに現場の感覚とマネージャーとしての感覚の両方を見比べることです。マネージャーが強気でフォーキャストをしていても現場がついてこないこともあります。特に大型プロジェクトですと中途半端な工数の掛け方では契約まで至らないので、現場の思いを無視してマネージャーがフォーキャストをすることはあまり得策ではありません。

■フェーズベースの売上予測金額

セールスフォース・ジャパンでは、営業の8段階のフェーズの定義とそのフェーズごとに掛け率を設定して売上予測をするという考え方をしています。

あくまでマネージャーや現場の意思入れの数字は予測にすぎないので、その予測のプランが事実にもとづいて進捗をしているかどうかを見ていくのがこのKPIとなります。プロジェクトが前に進めば進むほどこの売上予測金額はあがっていきます。プロジェクト仮説段階の商談をたくさんつくったとしても1つひとつの売上予測金額は低いですし、そもそも大量にはつくれないのがエンタープライズセールスです。ですので、このフェーズを前に進めることが売上予測金額と直結します。

■お客さまの購入意思

そして最後はお客さまの意思、つまり予算取りができたかというKPIになります。多くの大企業は予算枠が存在し、その枠内に入れることができればかなりの確率で契約につながります。また予算枠に入っていない期中での申請の場合も例外枠が設けられて

図 3-22 ｜ 商談ステージごとの売上予測金額

商談ステージ	ステージの定義	売上予測分類	確度		パイプライン		売上予測金額
1	プロジェクト仮説の作成	売上予測除外（Omitted）	5%	×	100	=	5
2	ビジネス成果の検証	パイプライン（Pipeline）	15%	×	100	=	15
3	提案要件の収集		25%	×	100	=	25
4	プロジェクト仮説の提案	最善達成予測（Bestcase）	50%	×	100	=	50
5	プロジェクト仮説の合意		70%	×	100	=	70
6	交渉＆リスクの排除	達成予測（Commit）	90%	×	100	=	90
7	最終合意形成	ペンディング（Pending）	95%	×	100	=	95
8	受注、商談完了	完了（Closed）	100%	×	100	=	100

Total: 450

いることが多く、その例外枠の中に入るかどうかの確認と意思決定者の承認を取ることができれば予算承認が取れたといえるでしょう。

これは前述したスコアカードの「予算と決済者承認」という指標で弊社では管理しており、3点以上を取ることで予算承認をできたとみなして定量的に管理をしています。

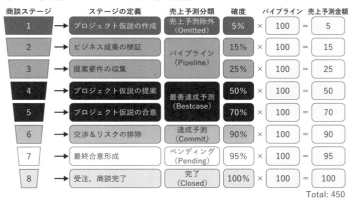

■時系列のKPIを考える

では、おのおの数字はどの程度積みあげていけばよいのでしょうか？基本的には図3－23のような関係性となりますが、時系列によってKPIが変わっていきます。

例えば商談日数が300日くらいの会社と仮定すると、1年以上先のフォーキャストを

図 3-23 ｜ 目標数字管理の KPI と活動

来期予算達成のために逆算でプロセス全体をKPIと活動で管理

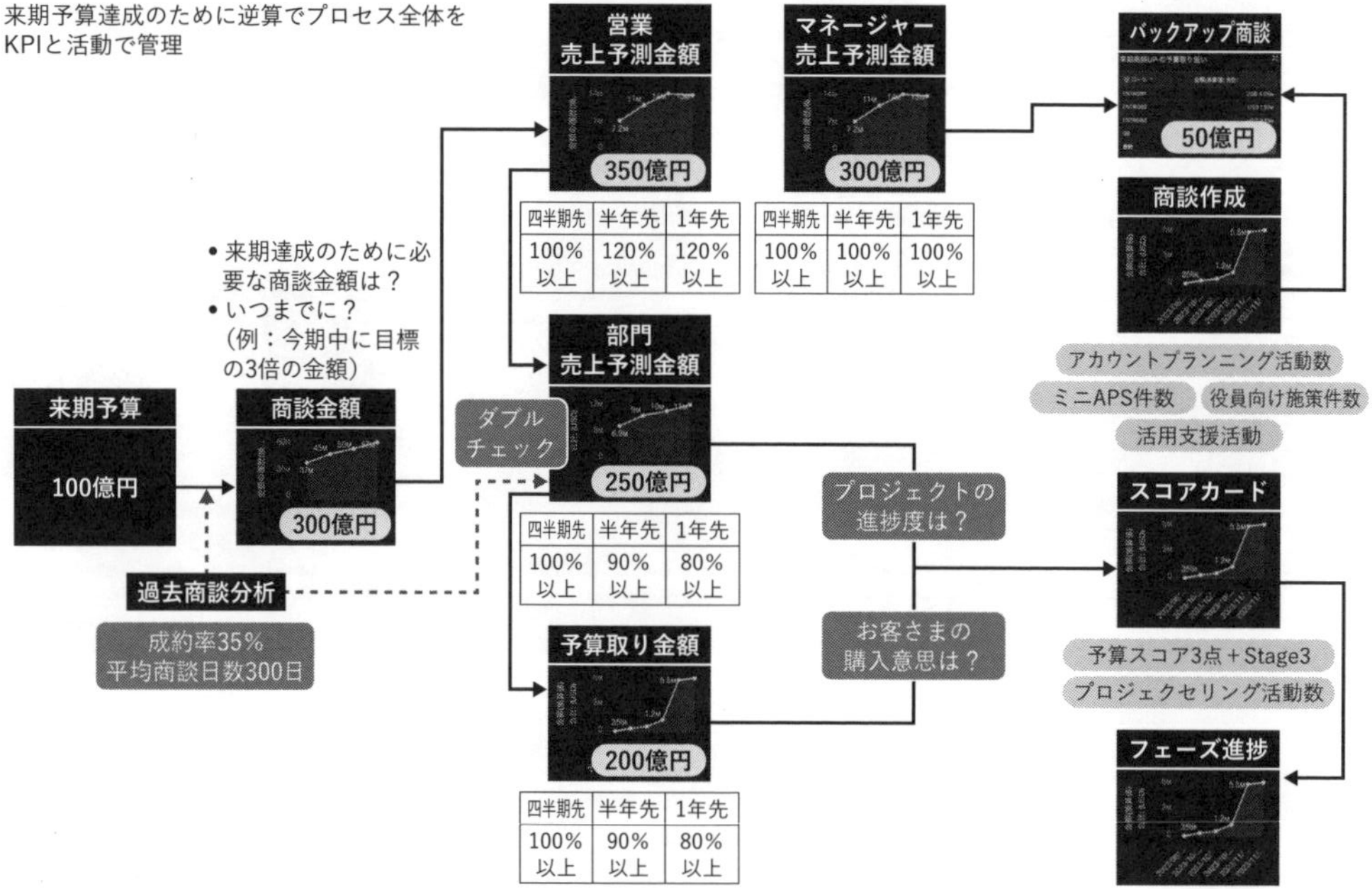

図 3-24 ｜ エンタープライズセールスのマネジメント KPI の例

<table>
<tr><th></th><th></th><th>商談</th><th>部門</th><th>営業</th><th>お客さま</th><th>スキル</th></tr>
<tr><td colspan="2">結果KPI</td><td></td><td colspan="3">売上金額・年間目標達成率・売上予測金額・受注率・商談作成金額・来期の予算取り金額</td><td>達成率・受注率・最低数値参加率</td></tr>
<tr><td rowspan="4">プロセスKPI</td><td>販売プロセス受注率</td><td>商談スリップ回数・ステージ滞在期間</td><td colspan="2">スコアカード・フォーキャスト（売上予測金額）</td><td>3つのマップ進捗</td><td rowspan="4">スキル点数・必須トレーニング完了率・プロダクトテスト点数・資格取得</td></tr>
<tr><td rowspan="3">ビジネス創出</td><td rowspan="3">アカウントプランからの商談作成割合・APS01商談（※）のスリップ回数・APS01商談のステージ滞在期間</td><td colspan="3">APS01商談作成数・今期の保有商談金額</td></tr>
<tr><td rowspan="2">セールスプレイごとの商談作成件数</td><td colspan="2">リード登録数</td></tr>
<tr><td>活動種別比率</td><td>製品サービス活用度・問い合わせ登録件数・3つのマップ進捗・プロジェクト成功数</td></tr>
<tr><td colspan="2">活動</td><td>商談活動頻度・X週間未活動のAPS01商談</td><td colspan="3">プロジェクトセリング活動数・アカウントプランニング活動数・重要お客さまへの活動件数・役員向け施策件数・アカウントプランニング活動数・リード登録数・活用支援件数・ミニAPS開催数・イベント招待件数</td><td>キャリア面談件数・360度評価の実施件数</td></tr>
</table>

※APS01商談については、169ページに記載

する際には、さすがにお客さまの意思ベースの数字で目標を超えることは難しいです。けれども事実にもとづいてフォーキャストをして目標が100だとしたら、「まだ先のことはわかりません」と、50くらいのフォーキャストしかあがってきません。だからこそ先のフォーキャストで大事なのはマネージャーと現場営業の意思ベースの数字です。「1年先でも、不変の要素は押さえているので1年かけて可変の要素のリスクをつぶします」といった思いが込

められた数字の報告が必要になります。とはいえ、現場営業はリスクの見通しが甘いので多少オーバーコミット気味で目標より高い120程度、マネージャーの意思入れ数字で目標と同程度の100は欲しいところです。お客さまの意思ベースで80、事実ベースで90は必要でしょう。

「現場の意思入れ＞マネージャーの意思入れ＞事実をもとにした売上予測金額ベース＞お客さまの意思ベース」

一方で目先の四半期であれば、現場の意思入れの数字があまりに高いことは逆に危険となります。商談日数が300日ということであれば、もう商談完了が目先に迫っているプロジェクトばかりということです。それなのにあまりに多くの商談があるということで、もしかすると商談の精査ができていない可能性が高く、そうなると注力商談が散漫となり核となる商談を落としてしまうかもしれません。

3-4 ＫＰＩの管理方法と注意点

▼接待の必要性を定量的に解説できるか？

「接待をしてお客さんと仲良くなってこい！」

エンタープライズセールスを経験している人はおそらく言われたことがある言葉でしょう。

ただ、接待がなぜ重要かを定量的に説明できる人は、少ない接待をたくさんしたはよいが売上が一向にあがらないという経験もお持ちの方も多いのではないでしょうか。

マネジメントの仕事の１つは「正しい状態を維持する」です。ただ、この正しい状態を定義していないと、メンバーとの会話が空中戦になってしまい再現性が保たれなくなります。

図３－25の左のような会話を避けるためにも、図３－26のように状態を数値を用いながら明文化し、それをいつチェックし、基準に至らなかったときにどのようなアドバイ

図 3-25 ｜ とある営業マネージャーと部下の会話例

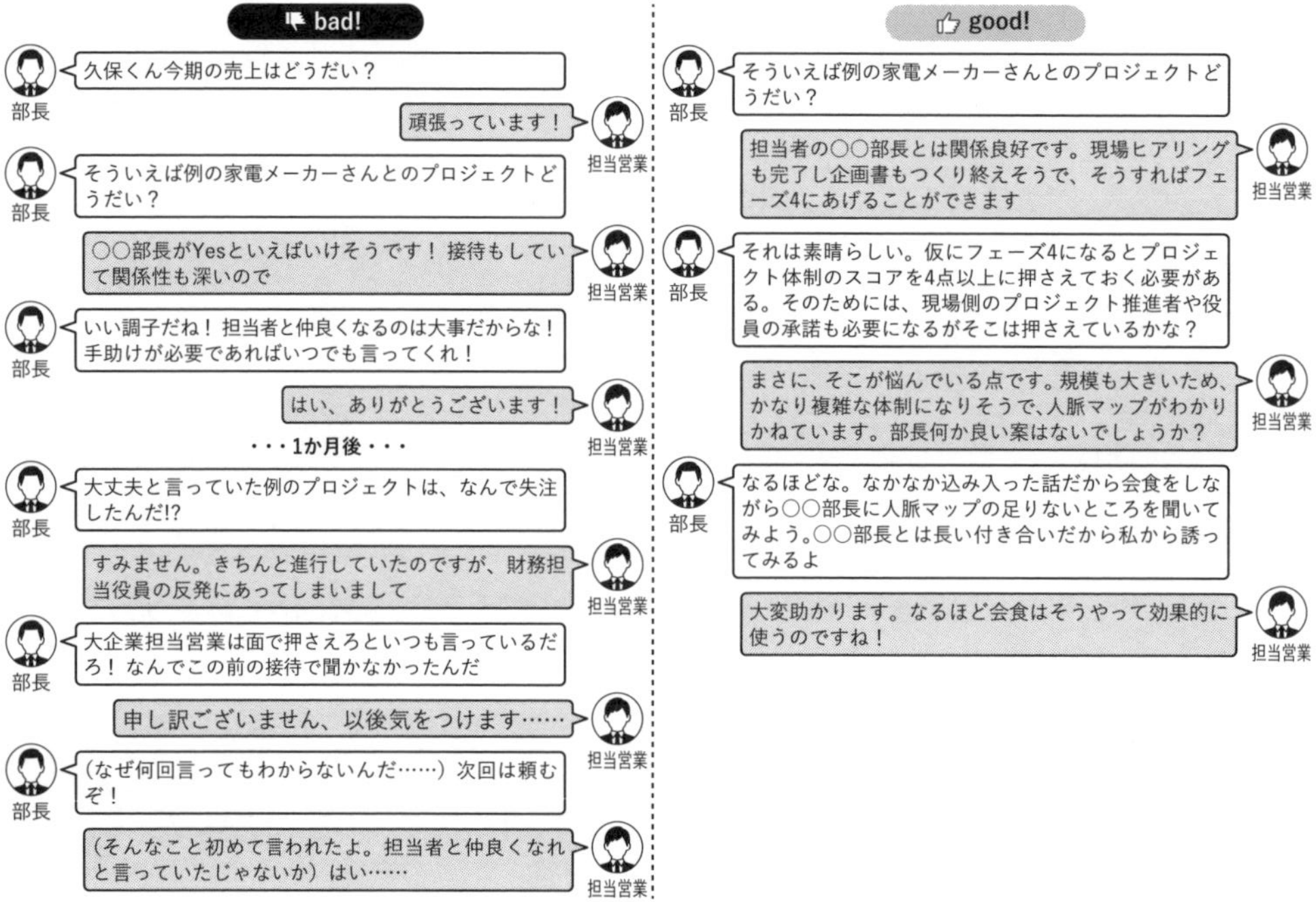

スをかけるかを決めておくことは、組織の効率性という観点でも教育という観点でもモチベーションという観点でも重要だと考えています。

次の観点をまとめたものを「マネジメントルール」と呼んでいます。

- ・目的　・クリアすべき数値　・定点観測する頻度
- ・確認する会議体　・すべき行動　・確認する場所（ツール）

私の本部では年初にマネージャーが作成をし、チームメンバーへ伝えることにしています。そうすることで、メンバーも何をすべきか理解ができて常に自問自答ができて教育観点でもプラスになります。またマネージャーも都度指導をすることなく済むので双方の効率もあがりますし、プロセスを褒めてあげることで現場のモチベーションもあげることができます。

▼会議体のセット

次に、ＫＰＩを議論する会議体をセットしましょう。

会議体のセットにおいて大事な点はアジェンダまで併せてセットするという点です。アカウント軸で議論するアカウントプランニングセッションという会議体をセットしたとしても、往々にして目先の商談の相談や明日の訪問の資料チェックなど、自分が直近で困っていることを議題にあげるようになり、本来定義されたＫＰＩにもとづいた議論がされないケースが多くあります。

マネジメント側はＫＰＩにもとづいた会議体の運用ルールを定義し、最低限のアジェンダ設定は必要となります。新ルール設定をした当初は会議に極力参加し、会議のアジェンダが定着するようサポートするとよいでしょう。

例えば、私の部門の場合、エンタープライズセールスならではの会議体であるＡＰＳ01商談について話し合うミニＡＰＳ会議の運用ルールとアジェンダの運用ルールは次のように具体的な定義づけを行っています。

〈グランドルール〉

・活動がないのは営業とインサイドセールスの責任

・ＡＰＳ01商談進捗がないのはアカウントチームみんなの責任

図 3-26 ｜ マネジメントルールのサンプル

マネージャーがチェックしない（できない）指示が実行されることはありません

	目的	KPI	KPI種類	チェック頻度	会議体	誰が
フォーキャスト	フォーキャスト精度	チームのフォーキャスト	結果	毎週木曜9時	フォーキャスト	マネージャー
	フォーキャスト精度	今四半期チームのパイプライン（Manager Forecast Judgement）	プロセス	毎週水曜18時	セルフ	マネージャー
	年間達成プラン	今期のチームのパイプライン（Manager Forecast Judgement）	プロセス	毎週水曜18時	セルフ	マネージャー
商談管理	年間達成プラン	営業担当ごとのパイプラインフォーキャスト	プロセス	毎月1週目の1on1	1on1	マネージャー
	受注率	商談の進捗	プロセス	毎日17時～17時半	セルフ	マネージャー

図 3-27 ｜ KPIに合わせた会議体の定義〜チーム会議

チーム会議	開始日	目的
リーダーミーティング	隔週	各種施策についてのディスカッション
フォーキャスト会議	毎週木曜	年間達成をするための数字管理
商談作成フォーキャスト会議	月1回	商談作成目標を達成するための数字管理
数字分析 MTG	月1回	強い組織をつくるためのヘルスチェック
戦略ミーティング	年1回期初	今期の営業戦略を決定
スコアカードレビュー	商談ごと・不定期	案件のリスクをスコアごとにレビュー
1on1	毎週月曜	マネージャーと営業で取り組み課題、KPI、キャリアプランについての相談・振り返り
製品営業チーム会議	各部 単位	各製品営業チームの取り組みのPDCA
全体会議	月1回	先月の振り返りと今月、今四半期の取り組み施策

図 3-28 ｜ KPIにあわせた会議体の定義〜商談・売上予測管理

月間商談ルール	人	月	火	水	木	金
1週目	営業		商談更新	チームフォーキャスト会議		
	マネージャー		商談レビュー	商談メンテ	マネージャーフォーキャスト会議	
2週目	営業		商談更新	チームフォーキャスト会議		
	マネージャー		商談レビュー	マネージャー商談メンテ	マネージャーフォーキャスト会議	
3週目	営業		商談更新	チームフォーキャスト会議		
	マネージャー		商談レビュー	マネージャー商談メンテ	マネージャーフォーキャスト会議	
4週目	営業		商談更新	チームフォーキャスト会議		
	マネージャー		商談レビュー	マネージャー商談メンテ	マネージャーフォーキャスト会議	

〈参加者〉
・必須参加者：営業／技術営業／インサイドセールス／マネージャー／製品営業
　適宜参加者：サポート／コンサル
〈開催頻度〉
・最低でも２週間に１回

〈営業／インサイドセールスの事前準備〉
・毎回動きがあると思ってもらえるよう参加２週間で新しい情報を仕入れるための活動の実施
・活動や商談は最新に更新
・スライドやスプレッドシートで二重管理をしない。全ては商談・取引先レコードで管理

〈営業以外の事前準備〉
・役割：ミニＡＰＳではアドバイスを行うこと
・事前に商談進捗、リード、ケースを把握し、アドバイスや提案事項を準備しておく

図 3-29 ｜ アカウントチームはダッシュボードで商談作成進捗を管理

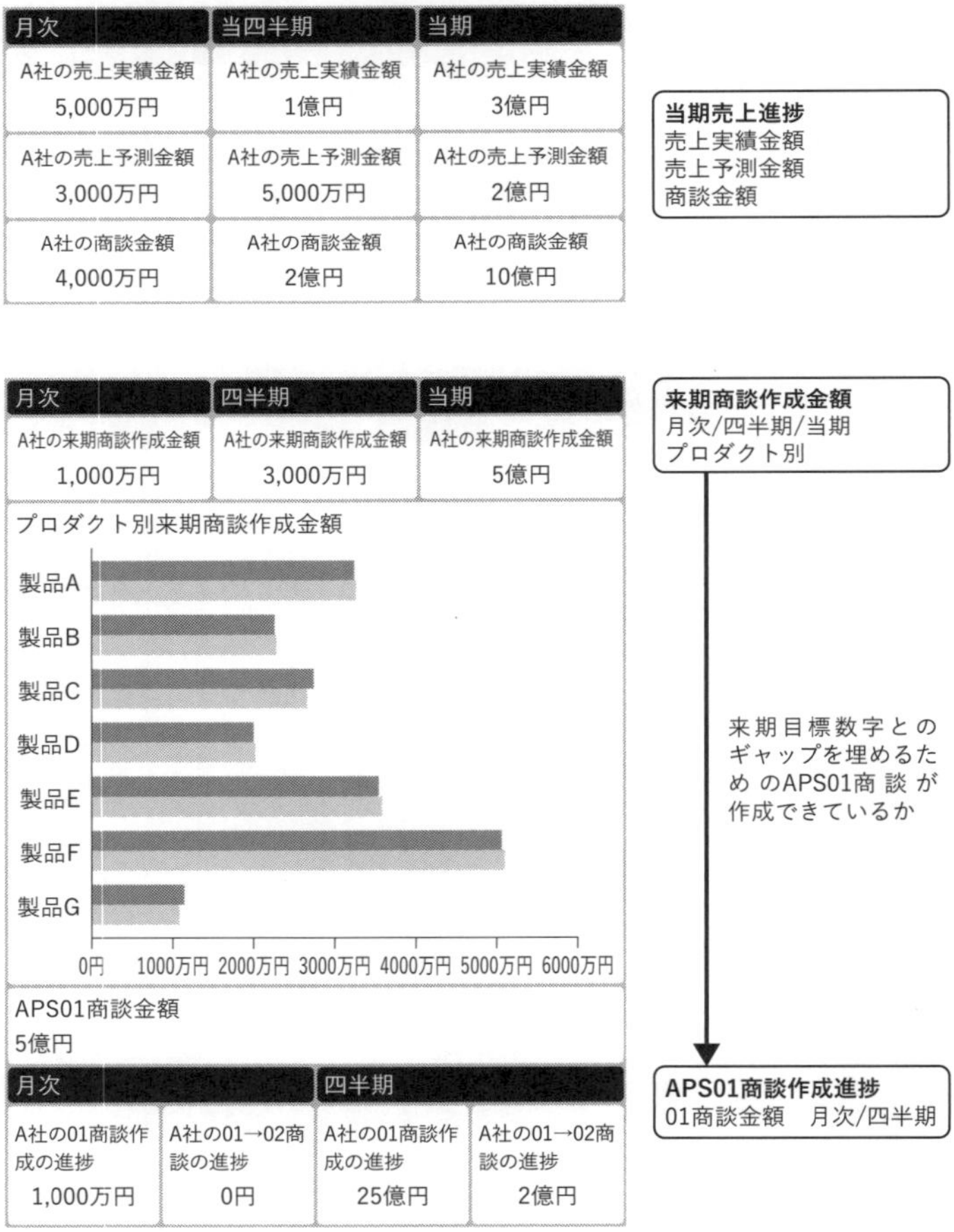
月次
当四半期
当期
A社の売上実績金額
5,000万円
A社の売上実績金額
1億円
A社の売上実績金額
3億円
A社の売上予測金額
3,000万円
A社の売上予測金額
5,000万円
A社の売上予測金額
2億円
A社の商談金額
4,000万円
A社の商談金額
2億円
A社の商談金額
10億円
当期売上進捗
売上実績金額
売上予測金額
商談金額
月次
四半期
当期
A社の来期商談作成金額
1,000万円
A社の来期商談作成金額
3,000万円
A社の来期商談作成金額
5億円
来期商談作成金額
月次/四半期/当期
プロダクト別
プロダクト別来期商談作成金額
製品A
製品B
製品C
製品D
製品E
製品F
製品G
0円
1000万円
2000万円
3000万円
4000万円
5000万円
6000万円
来期目標数字とのギャップを埋めるためのAPS01商談が作成できているか
APS01商談金額
5億円
月次
四半期
A社の01商談作成の進捗
1,000万円
A社の01→02商談の進捗
0円
A社の01商談作成の進捗
25億円
A社の01→02商談の進捗
2億円
APS01商談作成進捗
01商談金額　月次/四半期

図 3-30 ｜ 商談作成フォーキャストダッシュボード

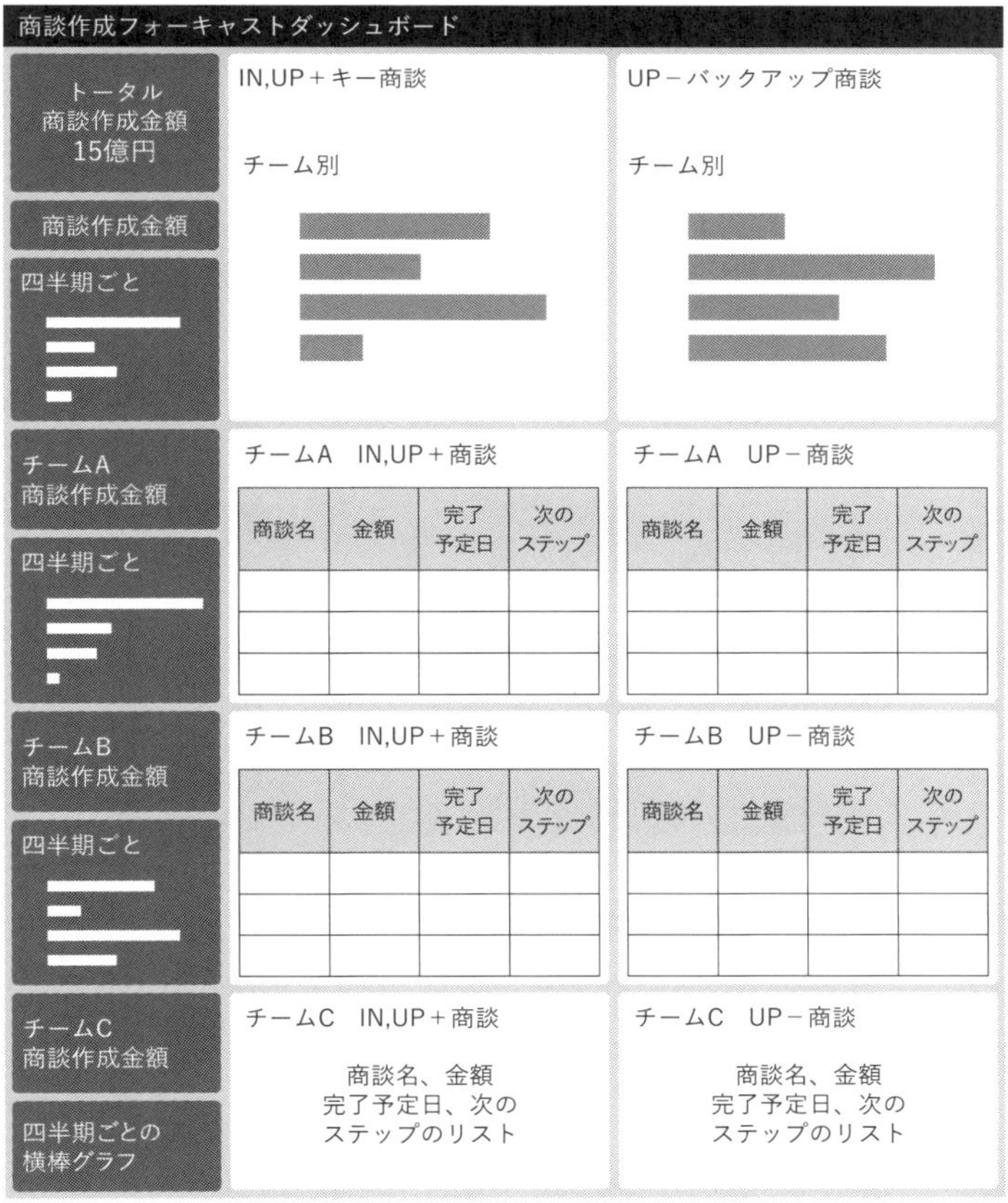

フォーキャストとは

予定されている金額と達成目標の間に生まれた差異を正確に予測し、その差異に対して、対応策を計画・実行すること

・ダッシュボード（図3－29）を見て（活動、商談、名刺、売上）、アドバイスを考えておく

〈基本のミニAPSアジェンダ〉

①3つのマップの進捗報告＋新しいプロジェクト仮説作成のアイデア出し　10分
②アカウントプラン活動に対するフィードバック（事前・事後）10分
③プロジェクトセリング活動に対するフィードバック（事前・事後）10分
④リード、初回訪問1に対する準備　5分
⑤01商談の進捗に対する議論（レポートを見ながら）10分

〈隔月〉

・期初に立てたアカウントプランでの目標売上金額に対する進捗
・商談作成金額の数字目標に対する進捗（現行の商談金額作成進捗とAPS01商談金額）
・役員およびキーマンとの信頼関係の構築（役員訪問プログラム／人脈マップのプラン進捗）
・お客さまの中期経営計画や決算レポート、DXレポートなど重要な発表がされたときは読み合わせを行い、商談作成プランをミニAPSの議題として新たにAPS01商談

を作成する

▼KPIマネジメントルールの注意点

■うまくいかない前提で始める

最初からここまで体系的につくる必要はなく、少ないKPIで始めて年単位で改善をし続けていくことをお勧めします。こういったKPIや運用ルールを探し当てていくものなので、やってみたはよいものの成果につながらなかったというケースのほうが多いです。

外部のコンサル会社を使って網羅的に何十のKPIを設計するケースもありますが、やはり自らが考えを巡らせた1つのKPIの方が部下たちにとっては腹落ちします。正しいKPIやルールよりもそのマネージャー自身が納得しているKPIのほうがよいと思います。そこから1つずつ足したり引いたり改善をしていけばよいのです。

■個別運用は認めない

担当営業が個別にルールをつくり始めることは一見自立性を重んじているように思わ

図 3-31 ｜ うまくいかない前提で始める

Do	**Don't** Do
● まずは少ないKPIで始めてみる	● あれこれ**詰め込んで**消化不良
● 1年かけて改善していく意識	● 初めから**完璧**を目指す
● 難しいことにチャレンジする	● **やすき**に流れる
● 自分の言葉で語れるようにする	● 「**部長が言っているから**」はNG
● 自分が運用するイメージを持つ	● **机上の空論**で終わらせる

れますが、組織の崩壊が始まるので推奨はしません。

チームでは３つのマップを取得する活動をしたら「情報収集活動」と活動記録するシステムに記載することと定義をしているのに、担当営業が「マップ活動」と記載をして集計が正しくできなくなるというのはよくある話です。ただ「わざわざ書き直すことでもないしな」と思って、それを認めてしまうと、他のＫＰＩでも同様のことが起こり結局マネジメントが正しい数字を把握できなくなり、把握できないということは正しい指示もできなくなります。結果として「どうせあの人の指示は聞かなくても何も言われないし」と、チームの統制が利かなくなり、マネージャーの言うことに耳を傾けなくなります。

優秀な営業は勝手にやっても結果がついていくことがありますが、そうではない新人や若手については何を信じてよいかわからなくなり置いてけぼりになってしまいます。

そうしないためにも、マネージャーは言ったことについては100％実行を完了することが重要です。自分の発言に責任を持つことがチームの規律をつくるうえで重要ですとはいえ、マネージャー自身の判断も常に100点ではないですし、1つの型にはめすぎて現場の自由や創造力を奪っては組織の成長を損ねてしまいます。

ですので、現場に改善する権限があることは伝え、もし現行のマネジメントルールに違和感があれば、意見を吸いあげることを積極的にしましょう。

例えば次のように、非効率な作業や事前に定義されていなかったものを現場から意見を吸いあげ、そしてその意見を採用し、チームのルールを進化させていきます。

「A部長、情報収集活動と役員訪問活動を一緒にやることがよくあるのですが、その場合2件登録しなければいけないのですか？」

「たしかにそのようなケースは結構あるよね。その場合は2件登録するのは面倒だから、件名に2つ書いてくれればいいよ」

「情報収集活動は3つのマップを取得する活動とのことでしたが、このプロジェクトの予算について聞いてくるのはこの定義に合致するのでしょうか？」
「たしかにそこは迷うね。でもそれはプロジェクトを進める活動の中でのヒアリングだから、商談活動として登録しようか」

■チームで成長する

新しいルールを策定した際には間違いなく現場の反発や混乱が起こります。一度ルールを決めたからといっても数か月では成果は出ないでしょう。

■良いことも悪いこともオープンに学ぶ文化

良いことはみんなの前で褒めて、悪いことは個別に指導するというのがマネージャーのセオリーといわれていますが、組織として早く成長するためには良いことも悪いこともオープンに共有すべきと考えています。

弊社は社内コミュニケーションツールとしてSlackを導入しているため、マネージャーの指導やアドバイスがチーム全体に見えるようになっています。

「あ、部長が萩尾さんに商談を更新しろとコメントしている。まずい、自分も更新しなければ」

「この前部長が言っていたけど、柴原さんの商談の失注理由が財務の役員を押さえていなかったかららしい。今はＣＦＯまで巻き込まないと承認が取れないのか、自分も気をつけよう」

エンタープライズセールスは企業数もプロジェクト数も限られているため、打席に立てる回数が非常に少ないです。自分が何回も失敗をできないので「人のふり見てわがふり直せ」と、人の体験を自分のものとして体験化できる文化をつくっていかないと組織として強くはならないと思っています。

▼システムを利用した効率的なマネジメント

■「ダッシュボードで可視化できないことは指示と呼ばない」

弊社でマネージャーになったときに言われるのがこの言葉です。

この言葉の意味は「指示は完了するまでが指示」ということで、完了したかどうかまでトラッキングしてこそマネージャーの仕事という意味です。よく会議でアドバイスしますが、自分が指示をしたことを翌週の会議で忘れて、また同じような指示をして営業も適当に返事をしてPDCAがなあなあになってしまうことはあるのではないでしょうか？

これを防ぐために弊社ではSFAのダッシュボードで全て可視化しています。

■ スプレッドシート管理は実質不可能

「エンタープライズセールスの管理はスプレッドシートでできますか？」とよく聞かれますが、「はい、可能です。ただその運用に時間がかかりすぎて実質不可能だと思います」といつも回答しています。

管理をするのであればスプレッドシートでなくても紙や口頭でもできると思いますが、やはり限界があります。

図 3-32 ｜ スプレッドシート管理の限界

コンサバ・楽観的など、営業それぞれの“思い”前提。
信ぴょう性が低くリアルタイム性のない集計結果は役に立たない

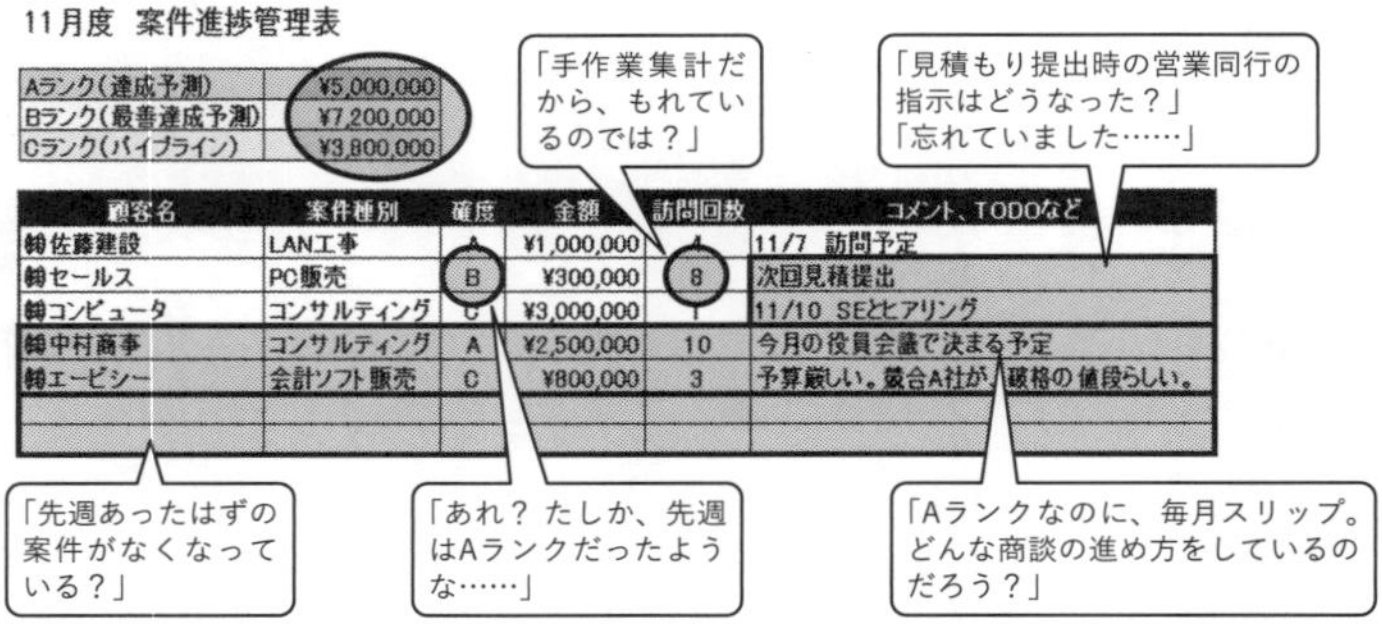

例えばエクセルの場合は、都度集計が必要です。訪問回数１つとっても過去のカレンダーや手帳を見て計算をしないとなりません。また削除されたり変更したデータもわかりません。「あれ？ 先週までやると言っていたタスクがなくなっている」とか「ん？ この商談は先月はAランクと言っていた気がするがBランクだっけ？」など、その変化に気づくためには以前のファイルを引っ張り出して見比べないといけません。また「大丈夫です」と担当営業が言っていたのに急に失注になってしまうなど、リスクにも気づきづらいです。

■ システム化するメリット

①集計や資料作成の手間が減る

データ分析による部下へのアドバイスやお客さま先への訪問に時間は使うべきで、その事前準備のために時間を使うことは極力避けないとなりません。最近ではSFAやBIツールが世の中にたくさんあるので、資料づくりを自分の仕事と思っているのであればそのマインドは捨てて、システムに任せられることは任せて人間にしかできないことにフォーカスしましょう。

②リアルタイムに見ることができる

毎週の営業会議でも8〜9割が先週や過去の活動を報告することで終わってしまい、残り数分で「次どうするか？」というテーマで話していませんか？

本来は報告は事前に済ませておき、全員で集まれる貴重な時間は「次どうするか？」の議論に充てるべきです。

そして議論すべきテーマは「静と動」です。

これは何も動いていないお客さまや商談と、前回の会議から今回の会議までに大きく動いたお客さまや商談をテーマにあげるとよいでしょう。

そのために都度報告資料をつくることは現場の負荷が大きいので、日々の活動や商談の更新をしていれば、関係者がリアルタイムで現状を理解でき、理解したうえで会議に臨めるようになります。

③やれていないことを可視化できる

マネージャーがアドバイスをする目的はトラブルや問題を起こさせないためです。それなのに毎月・毎四半期の終わりに「なんで結果が出ていないんだ！」「プロジェクトがうまくいっていないのはなんでだ！」と起きたことに対して問い詰めるマネージャー

図 3-33 ｜ Clean Your Room ダッシュボードの項目

1. 来期のための商談作成金額
2. 来期のための商談予算取り金額
3. ステージアップ予定日が過去日のAPS01商談
4. 次のステップ、アクションプラン未記入のAPS01商談
5. 60日以上ステージ停滞しているAPS01商談
   アクション例：ミニAPSで議題にあげましょう
6. 3週間未活動のAPS01商談
   アクション例：ミニAPSで議題にあげましょう
7. 次のステップ、アクションプラン未記入の現行商談
8. X百万円以上14日間未活動の現行商談
   アクション例：大きい商談は毎週打ち合わせをセットしましょう
9. 60日以上ステージ停滞している現行商談
   アクション例：マネージャーや技術営業と作戦会議をしましょう
10. スコアカード未作成の現行商談
11. スコアカードが3点以下で30日以上未更新の現行商談
    アクション例：困っているならレビュー MTGを開催し相談を
12. スコアカード3点以下で120日以内に完了予定の現行商談
    アクション例：商談完了予定日の後ろ倒しリスクが高い。レビュー MTG開催必須
13. 今月の活動件数
    アクション例：30件以上の活動が適切
14. 14日間未活動の主要なお客さま
    アクション例：週2以上の活動が適切

がいます。そうではなく「CFOの賛同を得られていないから、このまま進めるとプロジェクトは却下されないか？」「重要度の高いお客さま先に1か月訪問できていない。これ以上日を開けてしまうと競合が入ってくるリスクが高まるから、来週一緒に訪問しよう」などと、問題が起こる前にリスクを察知してアドバイスすることが大事です。

弊社では、Clean Your Roomというダッシュボードを用意しています。これは部屋をキレイにしようという意味で、ここには正しい営業活動ができていないお客さまや営業の名前が出てお

り、担当営業は毎週ここを見て、名前が載っていれば正しい活動をして名前を消すというルールにしています。

Column

エンタープライズセールスのジレンマ

３－１で解説した「木こりのジレンマ」というたとえ話は、日本では「急がば回れ」ということわざに近いかもしれません。このたとえと同じようなことがエンタープライズセールスのジレンマとして存在します。

エンタープライズセールスの担当者は予算が大きい一方で商談機会が非常に少ないです。成果の出ない営業はそのプレッシャーから、目先の小さい商談に飛びついてしまう傾向にあります。その結果、周りから「もっと大型プロジェクトをつくるために、顧客理解のための活動や社内で仮説をつくるための議論を多くしたほうがよいのでは？」と言われても「いや、来月の数字も厳しい状況なので、大型商談を仕込む時間がないのです！」とジレンマに陥ってしまいます。

私も以前は多くの企業（１００社くらい）を手当たり次第訪問しており、次のような負のループに陥り苦しんでいた時期もありました。

「案件ができない→たくさんの企業を回る→1社あたりの提案の質が落ちる→余計案件ができない→もっと多くの企業を回る→（エンドレス）」

ある年に、上司から「もっと社数を絞って提案をしたほうがうまくいくよ」と教わり、担当企業は10分の1になりました。当時はただでさえ結果が出ていなかったので、正直会社数を絞ることが大変恐ろしく、あまり気乗りはしませんでした。しかし、大手企業にとことん向き合うこのエンタープライズセールスの手法を実践してからは一変して結果がついてきました。

なかなか担当企業を絞ることは勇気のいることですが、逆を言えば多くの営業は絞りきれていないということです。つまり、自分が担当企業を絞り1つの提案に時間をかければ、圧倒的に他社に負けない提案ができるといえるでしょう。

エンタープライズセールスは多くの企業の支援はできませんが、1社の企業を必ず成功に導くやり方だと私は信じています。

第2部

エンタープライズセールスの実践

第4章 お客さまを知り尽くすアカウントプラン

4-1 エンタープライズセールスにおけるアカウントプランの意義

▼アカウントプランが求められる背景

売り先と売り物が多いエンタープライズセールスの営業がお客さまと長期的な関係を構築するのは、たとえるならエベレストに登るようなものです。500メートル程度の山を登るなら、普段の格好で1人でお弁当片手に楽しみながら登ればよいでしょう。ただ8000メートル級の山を登るのであれば1人では無理で、登山のパーティーを組み、重装備を持ちながら地図を必ず確認して慎重に登っていく必要があります。登山パーティーは一緒にお客さま支援をする社内のアカウントチームであり、山はアカウントで、頂上はお客さまの成功とLTVの最大化といえるでしょう。

このアカウントプランはエンタープライズセールスにおいて最もなじみ深いノウハウでしょう。しかし、アカウントプランをつくっている理由を深く考えていない営業も多く存在します。「エンタープライズセールス＝アカウントプランの作成」「大企業＝アカウントプランの作成」と単純に考えてしまうとやらされ作業となり、本来の目的を忘れてしまいます。

複数の提供先・提供サービス・提供方法がある場合に、有限の社内リソースを計画的に効果的に投入するために、お客さまのビジネス成果最大化を目指して作成します。

例えば、相手が多数のニーズや予算を持った大企業だとしても、自社がたった1つの製品で特定の1つの部署にしか使われず、その用途も限定されているとなると、その機能が気に入られるかどうかだけの判断となるので、わざわざアカウントプランをつくらずとも済んでしまうでしょう。また、多くの製品やカスタマイズ性の高いサービスを提供している場合でも、そこまで複雑で多くの課題を抱えていないとなると、結局は提供サービスが限られるので、この場合でもアカウントプランをつくる必要はないでしょう。

一方で1つの製品でも部署によって利用用途が変えられるようなカスタマイズ性の高

図 4-1 ｜ エンタープライズセールスにアカウントプランが必要な理由

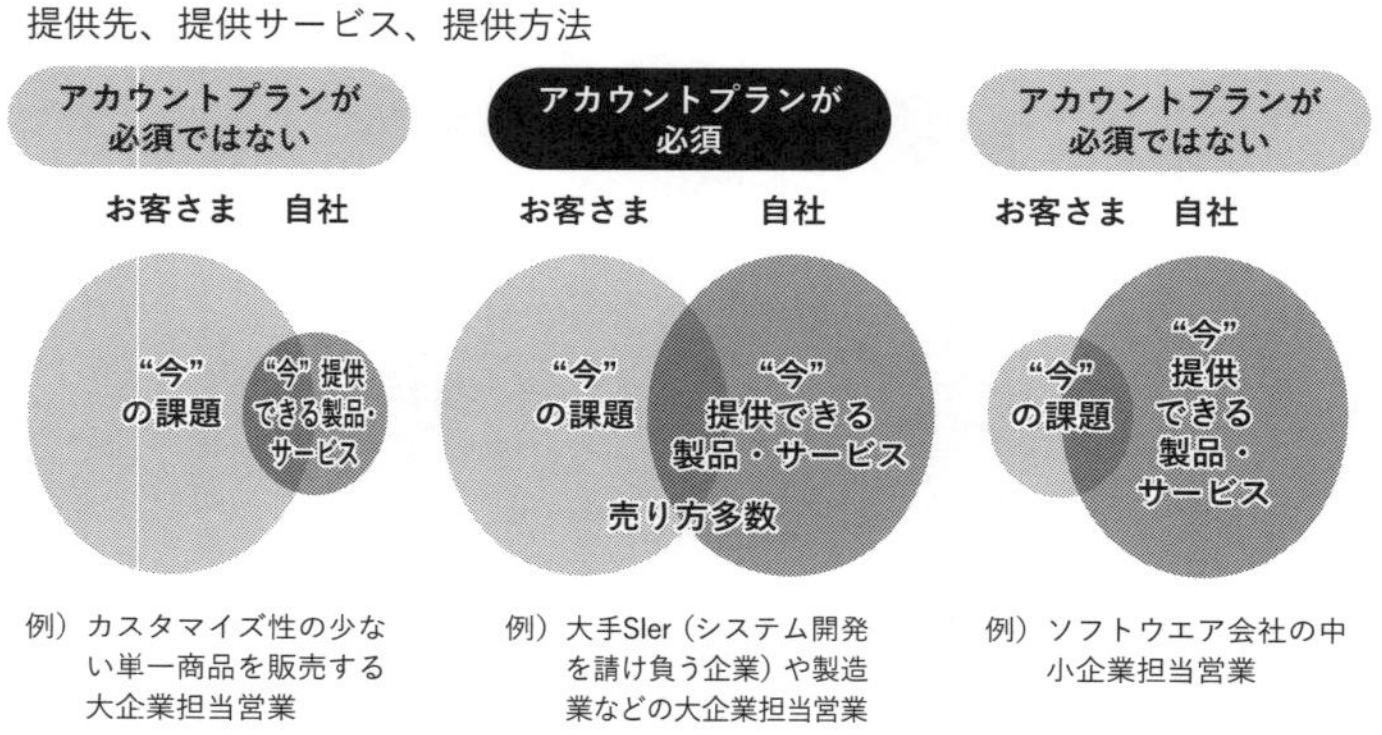

い製品・サービスを大企業に提案する場合、さまざまな事業部やグループ会社や国に合わせた提案が可能になります。さらに自社に多くの製品群を持っているとなると、提案の数が「n×n×n」となり何百パターンにもなります。そうなると、自身の時間や社内のリソースは有限なので、提案先の順番や絞り込みを行う必要があります。

　この作成理由に当てはめると、「大企業＝アカウントプランの作成」ではなく、より規模が小さい企業を担当したとしても、売り物・売り先・売り方が多く存在すれば作成することをお勧めします。最近ではSMB※担当でも作成するケースが増えてきています。逆に、前述の定義に当てはまらない場合はたとえ大企業担当でも作成は必須とはいえません。

※SMB（Small and Medium Business）とは、中小・中堅企業のこと

▼アカウントプランのゴール

アカウントプランで実現すべきことは、お客さまを理解し、プロジェクト仮説をつくることと、数年後を見越した部署展開のジャーニーをつくることです。

プロジェクト仮説は２－１で紹介した通り、顧客理解にもとづいた仮説です。アカウントプランというフレームワークがないまま掘り進めると非効率なのでお客さまを調査し、訪問活動によりさらに情報を集めながら３つのマップ（４－２参照）を埋めていくことで、お客さまのビジネスゴールや求めている成果、そしてそこにある課題が理解できるようになります。そこに自社の製品やサービスでできる解決策があるかどうかを探し、プロジェクト仮説をつくることで掘るべき荒野の場所が見つかるわけです。

例えばお客さまがあるサービスで海外売上比率を伸ばすことで売上をあげたいという戦略を掲げていたとします。「日本での市場環境や競合他社の動きから考えて、今絶対に取り組まなければならない課題のはず。ただ、海外営業の人数が十分ではないため、弊社の現地の営業効率をあげる知見や採用のノウハウを生かして、お客さまの支援が可能」。このようなプロジェクト仮説をつくることでやみくもに走らずに効率の良い営業活動が実現できるのです。

図 4-2 ｜ アカウントプランの目次例

顧客理解		目標に対する戦略	
1	基礎情報（ヒト・モノ・カネ）	5	戦略（3本の矢）
2	ポテンシャルマップ	6	部署ジャーニー
3	インサイトマップ	7	01商談/アクションプラン
4	人脈マップ	8	周りへの依頼

しかし、この仮説商談が複数つくれた際も、やみくもに掘り始めるのもご法度です。お客さまと長く付き合っていくためには、最終的に大きな成功を勝ち取るためのルート、戦略を考える必要があります。どのプロジェクト仮説から取り組むべきなのかという数年先を見据えた展開で部署ジャーニーを考えていく、点と点を面にするルートを考える作業です。

顧客理解をもとにしたプロジェクト仮説と目標に対する戦略プランをつくるのが、アカウントプランなのです。

▼アカウントプランの目次例

前述したゴールを達成するためのアカウン

トプランは2つの要素に分類されます。「顧客理解」と「目標に対する戦略」です。

商談をつくるためによく「お客さまのことをお客さま以上に知り抜くんだ！」「顧客理解をしてこい！」などの檄《げき》が飛び、とりあえずお客さま先に行って何を聞いてよいかわからず、「なんでこんな理解しかできないんだ！」と頭ごなしに怒られ、「だったら、どんな情報を取ってくるか言ってくれよ」と思った経験のある方は少なくないはずです。

顧客理解ではヒト・モノ・カネの3つの基礎情報を知ることが重要であり、それを3つのマップ（4－2参照）で定義をしています。そしてプロジェクト仮説の実現とその展開戦略をつくる「目標に対する戦略」がアカウントプランの2つ目の要素です。エンタープライズセールスにおいては一社深掘りで自社が支援できる領域を最大化していく必要があります。

4-2 3つの顧客理解マップでお客さまを徹底的に知り抜く

顧客理解に必要な3つのマップを解説します。

顧客理解に使うのは、ポテンシャルマップ、インサイトマップ、人脈マップの3つのマップです。自社製品の提供数とお客さまの購買数の交わりを最大化させることがアカウントプランで重要な点であり、ヒト・モノ・カネの3つの軸で多角的に交わらせることで顧客理解が進みます。

また、マップという顧客理解のための共通フレームワークを用意することで、調査やヒアリングの過程で属人的になりがちな営業の顧客理解を一定レベルに引きあげる効果があるとともに、エンタープライズセールスに重要なアカウントチームにも、3つのマップをベースにした共通言語があることで顧客理解を早めレビューしやすくする効果があります。

この3つのマップを通してお客さまを理解することでその売り先と売り物を整理し、ポテンシャルマップで購買ボリュームを把握し、インサイトマップを通じてプロジェクト仮説を検討し、人脈マップでプロジェクト仮説をプロジェクト化するためのアクションや、部署展開を検討する部署ジャーニーを作成することが可能になります。マップをつくることでお客さま先への訪問準備のクオリティーを最大限にあげられるのです。

最初は埋まらないところがあったり、仮説や想像で書くところがあったりしてもよいですが、訪問活動を続け情報を取得していると、詳細な情報や背景、中期経営計画などには公開されていない社内の戦略や優先順位といったものがアップデートできるようになり、営業が足で稼いだ唯一無二のマップが完成し、それとともに訪問準備のクオリティーもあがっていくのです。

▼夢を描くことから始まるポテンシャルマップ

どのマップから完成させるべきかというと、まずはポテンシャルマップです。**ポテンシャルマップはそのお客さまに対して自社の提案できる領域と購買ボリュームを可視化したものです。**

■自社の製品が利用されるバリューチェーンの単位でつくるケース

弊社のようにライセンス数量ベースの業務アプリケーションを提案している場合では、バリューチェーンベースでポテンシャルマップを作成します。まず、バリューチェーン（価値連鎖）の流れを理解し、それぞれのバリューチェーンにどんな部署があって、何人いるのかを明らかにします。これにより、営業やマーケティング、サービス部門などで最大どれくらいのライセンスが提案可能かを可視化できます。

例えば製造業であれば、事業部や工場、製品ごとに自社の製品やサービスがどれくらい活用される可能性があるかという、ターゲット企業から獲得可能な最大の購買ボリューム（売り先×売り物）を可視化できます。あるいは携帯電話や自動車などの部品を製造・販売する企業であれば、お客さまの製品上にどれだけ自社の製品を組み込めるかがポテンシャルマップになるでしょう。

人材派遣の会社であれば担当するお客さまのバリューチェーンごとに組織図や拠点、工場、技術部門を整理することで派遣先の購買ボリュームとして可視化できます。また、医療機器のメーカーの場合は、部門ではなく病床数や手術室数を調べることがポテンシャル可視化の第一歩になるでしょう。

ポイントは利用先の購買ボリュームを可視化することであって、発注元の情報ではないということです。例えばＩＴソフトウエアであれば、発注元のＩＴ部門の情報ではなく、利用するエンドユーザーにどれくらいの売り先と売り物があるかを調べます。マーケティング、営業、製造、アフターサービス部門、さらにその先の代理店などバリューチェーンに絡む組織がどれくらいあって、そこで何人がどんな仕事をしているのかを調べていきます。

図 4-3 | ポテンシャルマップの例

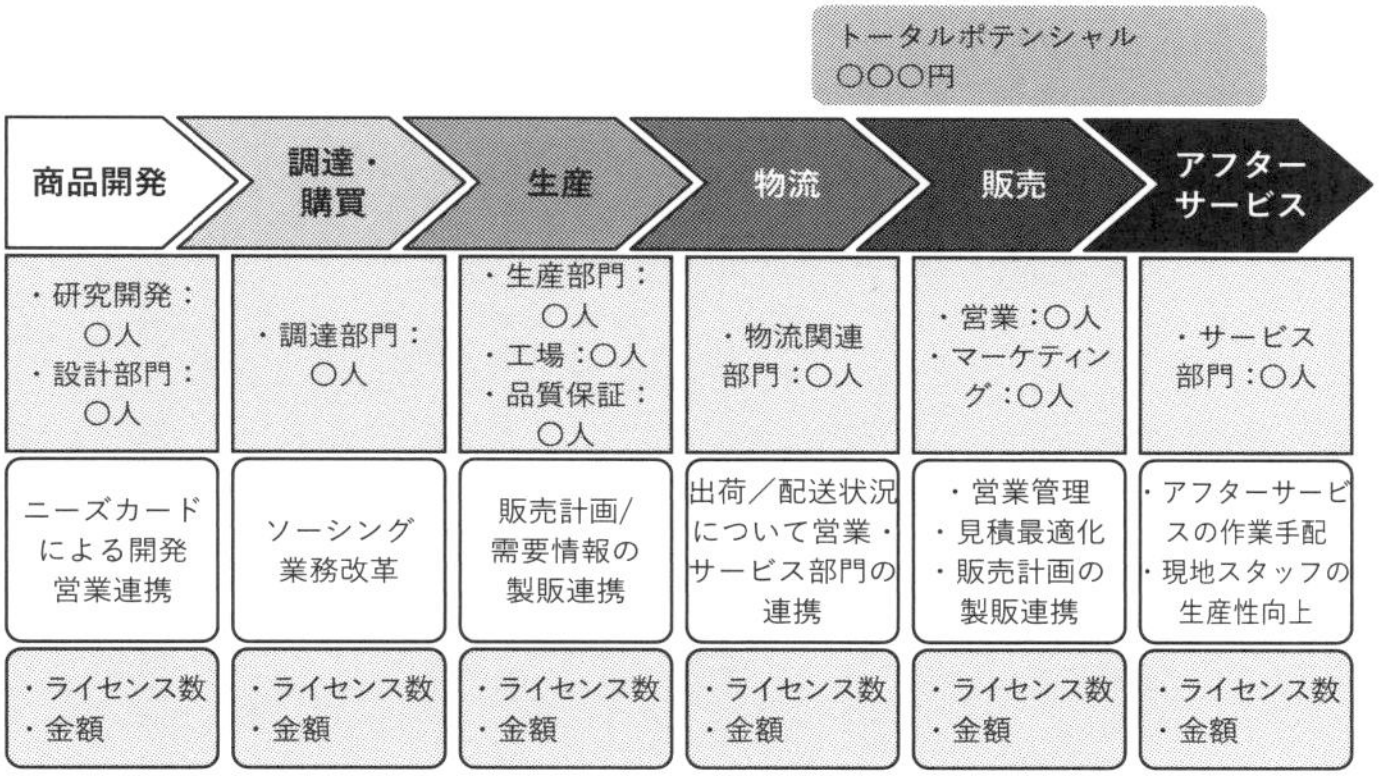

■ポテンシャルマップの初期のつくり方

これまで自社がアプローチをしたことがないような、ほとんど情報のない企業のポテンシャルマップをつくる場合は、上場企業であればホームページや中期計画などに組織図や拠点情報、ビジネスフローが掲載されていますし、なければ業界資料などを調べることで、業務プロセスや組織情報からおおよその人数などが把握できます。情報をもとに、売り先と売り物をバリューチェーンごとに整理しましょう。

上場企業でなくホームページにもほとんど情報がないという場合には、業界順位が同じくらいの競合企業での利用実績を調べてみるのも有効です。企業の求人・採用ページには詳しく業務プロセスや組織についての紹介が

図 4-4 | 会社単位でのサンプル例

事業・部品カテゴリ	事業部	製品A	製品B	製品C	製品D	製品E	製品F	製品G	製品H	製品I	製品J	製品K	製品L	製品M	製品N	製品O	製品P	製品Q	製品R	製品S	製品T	製品U	製品V	現在売上	ポテンシャル
A製品	A事業部		372		60	20	100			50		30		30	30	100			50					0	842
	B事業部		150		60	20	100			50		30		30	30	100			50					0	620
	C事業部		150		60	20	100			50		30		30	30	100			50					0	620
	D事業部		150		60	20	7	50	30	50		30		30	30	100			50					7	600
B製品	E事業部		100		60	20	100			50		30		30	30	100		50	50					0	620
	F事業部		150		60	20	100			50		30		30	30	100			50					0	620
C製品	G事業部		150		60	20	100			50		30		30	30	100			50					0	620
D製品	H事業部	38	150		60	20	100	50	30	50		30		30	30	150			50					38	750
E製品	I事業部	14	150		60	20	50	30	30	50		30		30	30	100			50					14	630
	J事業部	5	100		1	20	30			50		30	46	30	30	100			50					52	440
	K事業部		60		5	20	20			50		30		30	30			50	50					0	345
F製品	L事業部		150		60	20	100	50	30	100		30		30	30				50					0	650
G製品	M事業部		20			20				50			100	30	3									3	220
	N事業部					20	10			187			40											0	257
	O事業部		20			20							100		50					150			300	0	640
	P事業部					20							100		50					150				0	320
	Q事業部					20							100											0	120
	R事業部					20							50											0	70
	S事業部					20							50											0	70
関連会社	A社		172		32	50	400	400			30	38	73	30	20									163	1082
	B社	11				20							10											21	20
																							合計	298	10156

（百万円）

導入済み
提案中
数字 可能性あり（想定含む）

されていることも多いので必ず目を通します。

販売している製品が利用ユーザーや業務プロセスに紐づかない場合には、購買ボリューム全体を例えば売上規模から何%、IT予算の3%というように、売上やIT予算から割り出すのも1つでしょう。また工場のラインで利用されるような製品の場合であれば、競合企業や似た業種の企業での自社製品の利用実績や利用方法、拠点数などから、売り先や売り物のボリュームの仮説を立ててみるのも1つの手です。

最初は仮説であっても、訪問活動を続け、新たな組織や部門の情報、業務などの「売り先×売り物」の拡大につながる情報を得たとき、ポテンシャルマップを更新していけばよいのです。

例えば、営業部門の全てに他社のSFAが導入されており、今後数年間は提案の余地がないと思っていたある製造業に弊社が訪問活動をしていたときのことです。その製造業が、自社のノウハウを生かした新しいクラウドサービスを販売することになり、新組織を立ち上げるという情報をキャッチしました。新組織なので、既存の全社的に導入されていたSFAを使う必要もなく、小さな組織だったためIT部門からの支援も十分に得られず、いわば「治外法権」のような部署として機能していました。

結果として、その部署に弊社のSFAを導入することが決まり、さらに驚くべきことにこの組織は会社全体で最もSFAを使いこなす組織となったのです。導入から2年後には全社的に既存のSFAを弊社のシステムに置き換えることができ、大きな成功を収めました。このように大手企業の組織や業務は複雑です。固定観念を捨ててThink Bigに考え、訪問活動で情報を収集しアップデートをしていきましょう。

▼お客さまの投資優先順位を探るインサイトマップ

インサイトマップは組織の投資領域とその優先順位を理解するために存在します。「ゴール」「プレッシャー」「戦略」「障害」「施策」の5つでお客さまの経営レベルの取り組みや戦略を把握し、そしてそこにある課題と解決策を整理します。これにより、課題を逆算しながら経営層の思考を明らかにし、投資の優先順位を見極めることが可能になります。

ゴールに対する戦略の背景（プレッシャー）、そしてそれがなぜ今実現していないのか（障害）をヒアリングしてインサイトマップをアップデートしていくことで、お客さまが実現したいと考えているプロジェクト仮説をつくっていくことができるのです。

ポイントはお客さまの事業責任者になったつもりで調査し、インサイトマップを作成することです。特に核となる戦略は、製品発注元の最終意思決定者の戦略、判断基準に合わせる形でつくります。業務改革を進める弊社のような製品であれば、事業部単位で作成し、戦略は各事業部の経営レベルの取り組みになります。工場ラインの制御機器装置を販売しているのであれば、最終承認者の工場長にとって最優先は、生産ライン停止時間の最小化ということかもしれませんし、生産量向上かもしれません。

ゴール達成のために優先順位の高い戦略は、お客さまにとって投資領域となりますので、投資に見合うと判断されればプロジェクト化される可能性があるからです。

お客さまが実施しようとしている戦略の優先順位は、その戦略のプレッシャーや障害の難易度を調査したり、ヒアリングしたりして、詳細化していくことで把握できるようになります。戦略のプレッシャー、つまり事業の外的要因や内的要因といった戦略の背景を理解することで、その戦略自体の重要性を訴求し、コンペリングイベントを明確にしていくことが可能になるのです。

例えば法律の改正が直近に迫っているのであれば、逆算をして今年度中に取り組まなければいけないとか、プレッシャーによって戦略のゴールに与える影響度や難易度は、戦略実行の優先順位やいつまでに実施しなければならないという期限に影響してきます。

お客さまの課題や取り組みの背景をヒアリングすることを質問集などの形で用意して

いる企業も多いと思いますが、このようなフレームワークとしてマップを用意することで理解すべきことやヒアリングすべきことを、営業メンバーだけでなくアカウントチームに浸透させていくことが可能になります。このようにインサイトマップで顧客理解を深めることで、お客さまの唯一無二のパートナーとなることを目指すのがエンタープライズセールスなのです。

■ ゴール

・その事業の事業計画におけるビジネスゴール
・売上や利益、コストなどの財務指標にあたるもので、戦略を実行した際のＫＧＩ

■ プレッシャー

・事業レベルで対処が求められる、その事業が置かれている内的要因と外的要因
・市場環境や競合の脅威、内部制約や法律など、この次に出てくる戦略が掲げられる背景であり、戦略の優先順位やコンペリングイベントに影響する

図 4-5 ｜ インサイトマップの考え方

株式会社オーハナ工業<分析機器事業部>

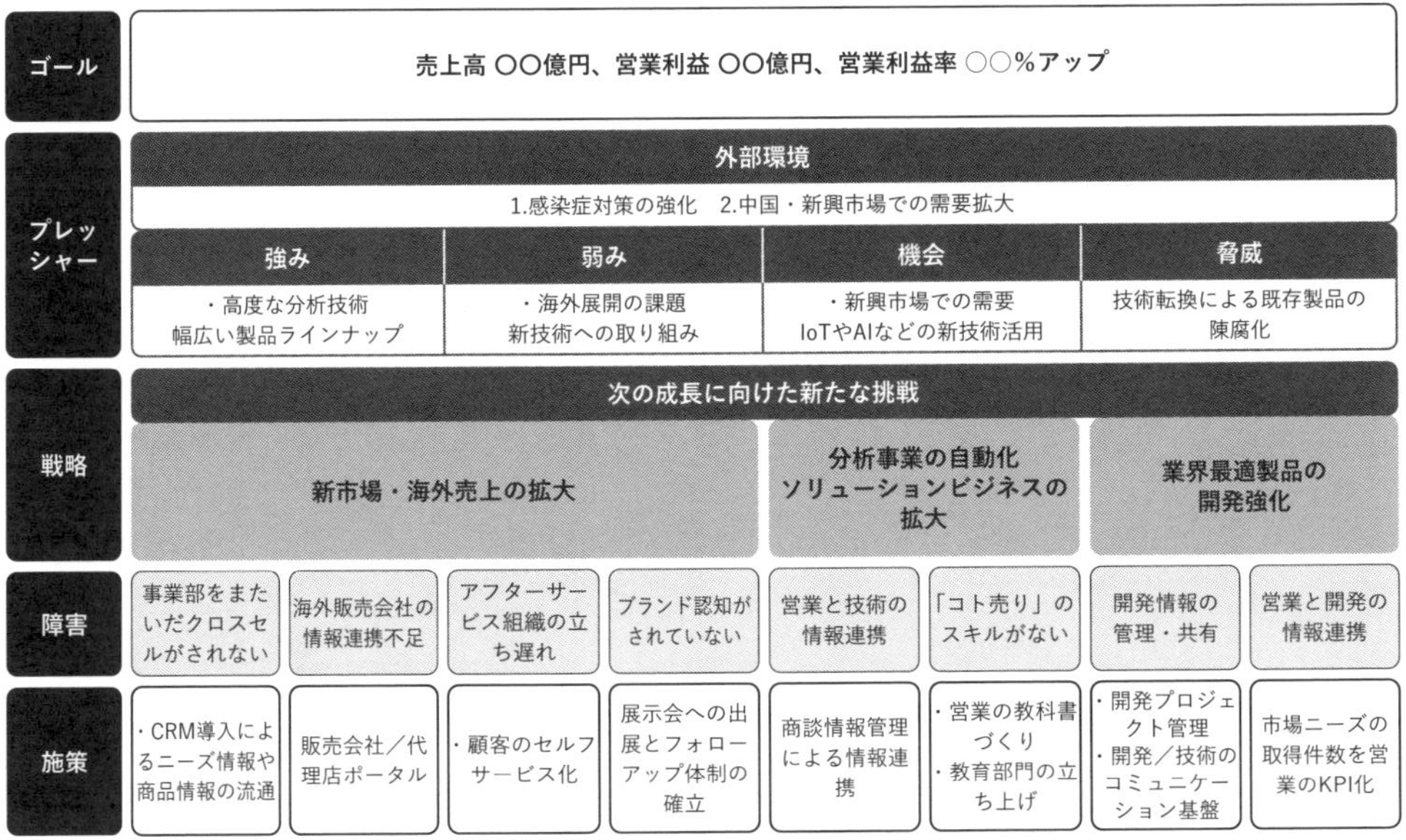
ゴール
売上高 〇〇億円、営業利益 〇〇億円、営業利益率 〇〇%アップ
プレッシャー
外部環境
1.感染症対策の強化　2.中国・新興市場での需要拡大
強み
・高度な分析技術 幅広い製品ラインナップ
弱み
・海外展開の課題 新技術への取り組み
機会
・新興市場での需要 IoTやAIなどの新技術活用
脅威
技術転換による既存製品の陳腐化
戦略
次の成長に向けた新たな挑戦
新市場・海外売上の拡大
分析事業の自動化ソリューションビジネスの拡大
業界最適製品の開発強化
障害
事業部をまたいだクロスセルがされない
海外販売会社の情報連携不足
アフターサービス組織の立ち遅れ
ブランド認知がされていない
営業と技術の情報連携
「コト売り」のスキルがない
開発情報の管理・共有
営業と開発の情報連携
施策
・CRM導入によるニーズ情報や商品情報の流通
販売会社／代理店ポータル
・顧客のセルフサービス化
展示会への出展とフォローアップ体制の確立
商談情報管理による情報連携
・営業の教科書づくり
・教育部門の立ち上げ
・開発プロジェクト管理
・開発／技術のコミュニケーション基盤
市場ニーズの取得件数を営業のKPI化

図 4-6 ｜ インサイトマップの例

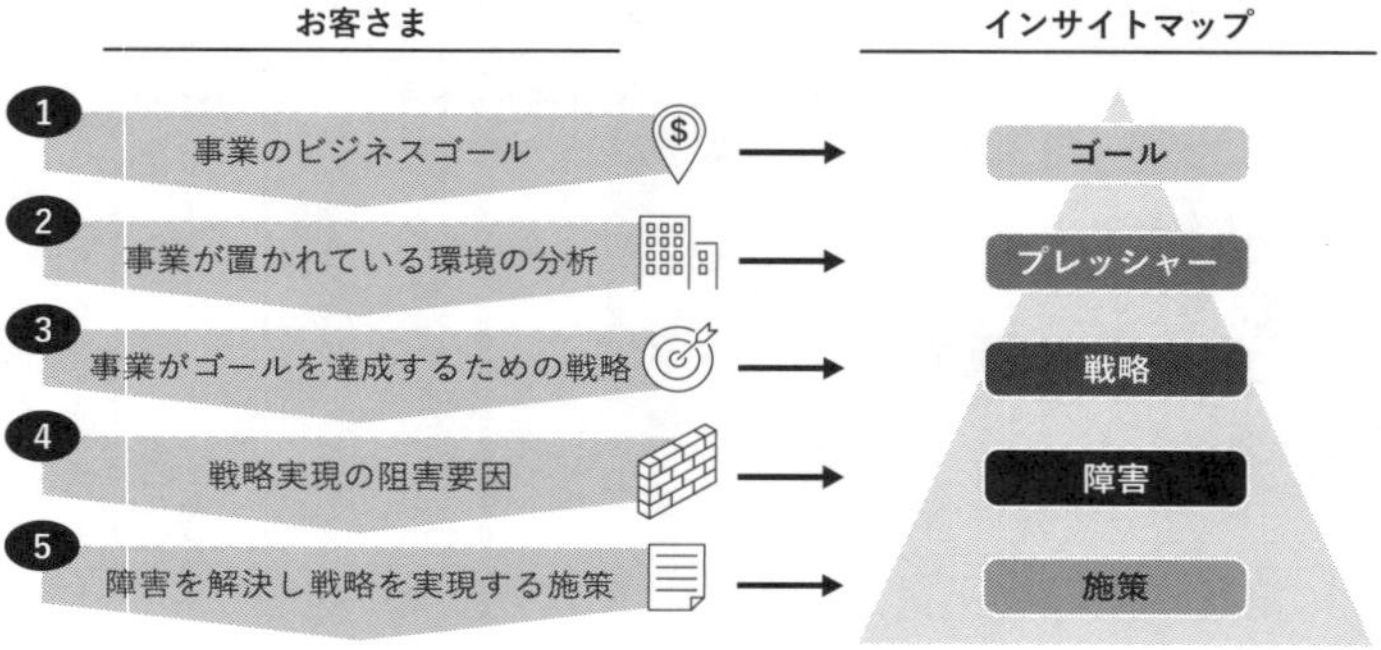

■**戦略**

・プレッシャーに対処し、その事業のゴールを達成するための取り組み（組織として予算を投下するようなプロジェクトなど）

■**障害**

戦略を実行・実現していくうえでの阻害要因（業務プロセス、システム、評価制度、組織体制、スキル、文化など）

■**施策**

障害を取り除き、戦略を実現するための解決策、具体的な施策

インサイトマップの「ゴール」「プレッシャー」「戦略」「障害」「施策」は互いに密接に関連して

います。

例えば、あるお客さまの中期経営計画に、海外売上の拡大が掲げられていたとします。これがその事業部の戦略となるわけですが、その戦略が中期経営計画にまで記載されるほどの重要な取り組みである理由・背景を知らないと、有益な施策を考えることは難しくなります。

・**事業部のゴールは何か？**

例：「売上高を30%向上させる」

・**海外売上を向上させたい理由（プレッシャー）は何か？**

例：「日本市場での伸び悩みや少子化」

・**海外ビジネスが現在まで伸びていない理由（障害）は何か？**

例：「海外販売代理店との情報連携ができていない」「海外のお客さまのニーズを把握できていない」「代理店営業の製品知識・スキル不足」

・**その障害を取り除くための解決策（施策）は何か？**

例：「販売会社・代理店向けのポータル立ち上げ」「セルフサービス基盤の構築」

このようにインサイトマップの「ゴール」「プレッシャー」「戦略」「障害」「施策」は縦の関連性を意識することが重要です。ゴールに向けた戦略が策定され、その戦略を実現するために解決しなければならない障害を整理できます。障害が多い、または大きいほど、取り組むべき施策は増えていきます。このように縦に整理された要素をもとにつくられるのが「プロジェクト仮説」というわけです。

▼プロジェクト化攻略のチャンピオンを探す人脈マップ

インサイトマップのプロジェクト仮説を具体的なプロジェクトに進化させていくため、人脈マップを作成します。人脈マップは、単なる組織図ではありません。特に、組織図には表れない暗黙の意思決定ルートや、意思決定を左右するチャンピオン（影響力のある人物）へのアプローチ方法を可視化したものです。カバレッジマップやパワーチャートと呼ばれることもあります。

これを作成する理由は、ヒアリング先を検討して3つのマップの情報を増やして潜在的なビジネス機会を拡大させるためです。また、プロジェクト化のプロセスにおいては、プロジェクト仮説の実現に関わる意思決定者を把握し、どのようにアプローチしていく

図 4-7 ｜ 影響者パーソナリティーの例

・**決定者**：提案内容を精査し、採用する案を決定する人
・**承認者**：決定者の決めた内容・予算を承認する人
・**評価者**：提案内容を評価し、意見する人
・**利用者**：実際に製品・サービスを利用する人
・**アンチ派**：過去の経緯や競合企業との関係性から反対意見を持つ人
・**チャンピオン**：戦略を実行する実績を持ち、承認者と決定者にも影響力を持ちプロジェクトを前に進める人、承認者・決定者・利用者の中に存在する場合も多い

かを考え、**受注率を向上させることを目指しています。**

意思決定プロセスを理解するためには、「組織図」「影響者」「組織内での影響力」の３つを解き明かす必要があります。単なる組織図や会えている人だけを並べるものではないということに注意してください。

■ 各プロジェクトプロセスでの人脈の利用方法

Listen（顧客理解）

・３つのマップの情報をヒアリングする組織や人を探し訪問する
・部署ジャーニーを検討する

Build&Trust（関係構築）

・プロジェクト仮説実現の支援者やチャンピオンを探し、育成する

Partner（信頼の醸成）

・プロジェクト仮説の意思決定プロセスと意思決定基準を把握する

・意思決定に関わる影響者を把握する

Success（成功と展開）

・プロジェクト成果を共有・報告する先を検討する

■組織図

組織図は人脈マップを作成する際の基礎情報となります。企業ホームページやIR資料より戦略に関連する企画部門やIT、購買、ユーザー部門などの部門を確認し、それぞれの役員が誰かを整理します。ただし、企業ホームページだけを鵜呑《うの》みにするのも危険です。

■影響者パーソナリティー

役職、地位はもちろんですが、インサイトマップのどの戦略に関連する影響者なのかも記載して、プロジェクト仮説の実現のためにカバーすべき影響者とそのパーソナリティーを記載します。役職と影響力の両方を可視化するわけです。

インサイトマップの戦略を前に進めるためにはどの担当者や役員が意思決定に関わり、誰が承認検討に影響を与えるのかを把握します。その方たちの関係性を図で表現し、誰が誰をカバーしているのか？カバーできてない場合はどのようにアプローチをしてカ

図 4-8 ｜ 人脈マップの例

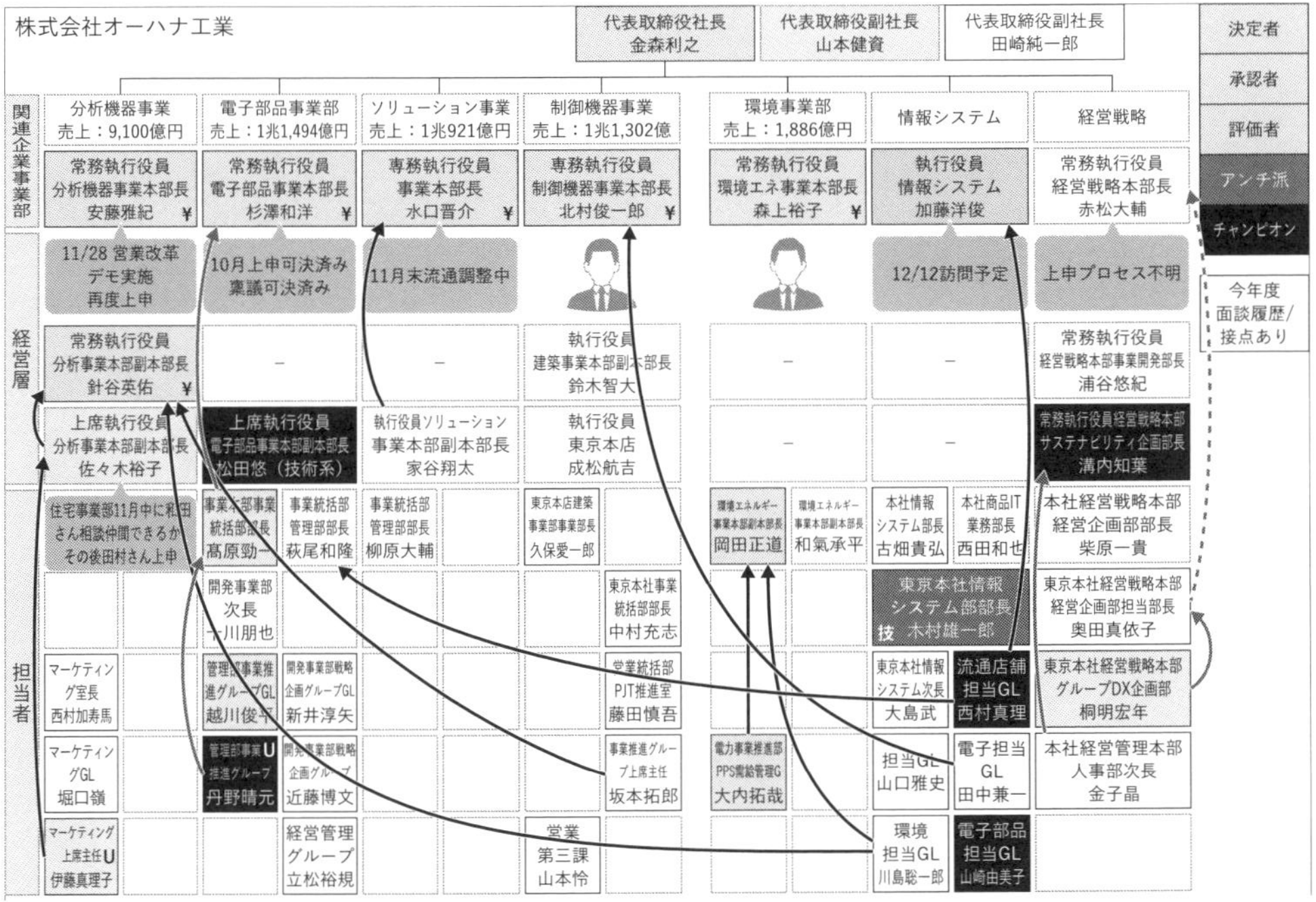
株式会社オーハナ工業
代表取締役社長 金森利之
代表取締役副社長 山本健資
代表取締役副社長 田崎純一郎
決定者
承認者
評価者
アンチ派
チャンピオン
今年度 面談履歴/接点あり
関連企業事業部
経営層
担当者
分析機器事業 売上：9,100億円
電子部品事業部 売上：1兆1,494億円
ソリューション事業 売上：1兆921億円
制御機器事業 売上：1兆1,302億
環境事業部 売上：1,886億円
情報システム
経営戦略
常務執行役員 分析機器事業本部長 安藤雅紀 ¥
常務執行役員 電子部品事業本部長 杉澤和洋 ¥
専務執行役員 事業本部長 水口晋介 ¥
専務執行役員 制御機器事業本部長 北村俊一郎 ¥
常務執行役員 環境エネ事業本部長 森上裕子 ¥
執行役員 情報システム 加藤洋俊
常務執行役員 経営戦略本部長 赤松大輔
11/28 営業改革 デモ実施 再度上申
10月上申可決済み 稟議可決済み
11月末流通調整中
12/12訪問予定
上申プロセス不明
常務執行役員 分析事業本部副本部長 針谷英佑 ¥
執行役員 建築事業本部副本部長 鈴木智大
常務執行役員 経営戦略本部事業開発部長 浦谷悠紀
上席執行役員 分析事業本部副本部長 佐々木裕子
上席執行役員 電子部品事業本部副本部長 松田悠（技術系）
執行役員ソリューション 事業本部副本部長 家谷翔太
執行役員 東京本店 成松航吉
常務執行役員経営戦略本部 サステナビリティ企画部長 溝内知葉
住宅事業部11月中に和田さん相談仲間できるかその後田村さん上申
事業本部事業 統括部長 髙原勁一
事業統括部 管理部部長 萩尾和隆
事業統括部 管理部部長 柳原大輔
東京本店建築 事業部事業部長 久保愛一郎
環境エネルギー 事業本部副本部長 岡田正道
環境エネルギー 事業本部副本部長 和氣承平
本社情報 システム部長 古畑貴弘
本社商品IT 業務部長 西田和也
本社経営戦略本部 経営企画部部長 柴原一貴
開発事業部 次長 十川朋也
東京本社事業 統括部部長 中村充志
東京本社情報 システム部部長 技 木村雄一郎
東京本社経営戦略本部 経営企画部担当部長 奥田真依子
マーケティング室長 西村加寿馬
管理部事業推進グループGL 越川俊平
開発事業部戦略 企画グループGL 新井淳矢
営業統括部 PJT推進室 藤田慎吾
東京本社情報 システム次長 大島武
流通店舗 担当GL 西村真理
東京本社経営戦略本部 グループDX企画部 桐明宏年
マーケティングGL 堀口嶺
管理部事業 推進グループ U 丹野晴元
開発事業部戦略 企画グループ 近藤博文
事業推進グループ上席主任 坂本拓郎
電力事業推進部 PPS需給管理G 大内拓哉
担当GL 山口雅史
電子担当 GL 田中兼一
本社経営管理本部 人事部次長 金子晶
マーケティング 上席主任 U 伊藤真理子
経営管理 グループ 立松裕規
営業 第三課 山本怜
環境 担当GL 川島聡一郎
電子部品 担当GL 山崎由美子

図 4-9 ｜ Listen フェーズの管理方法

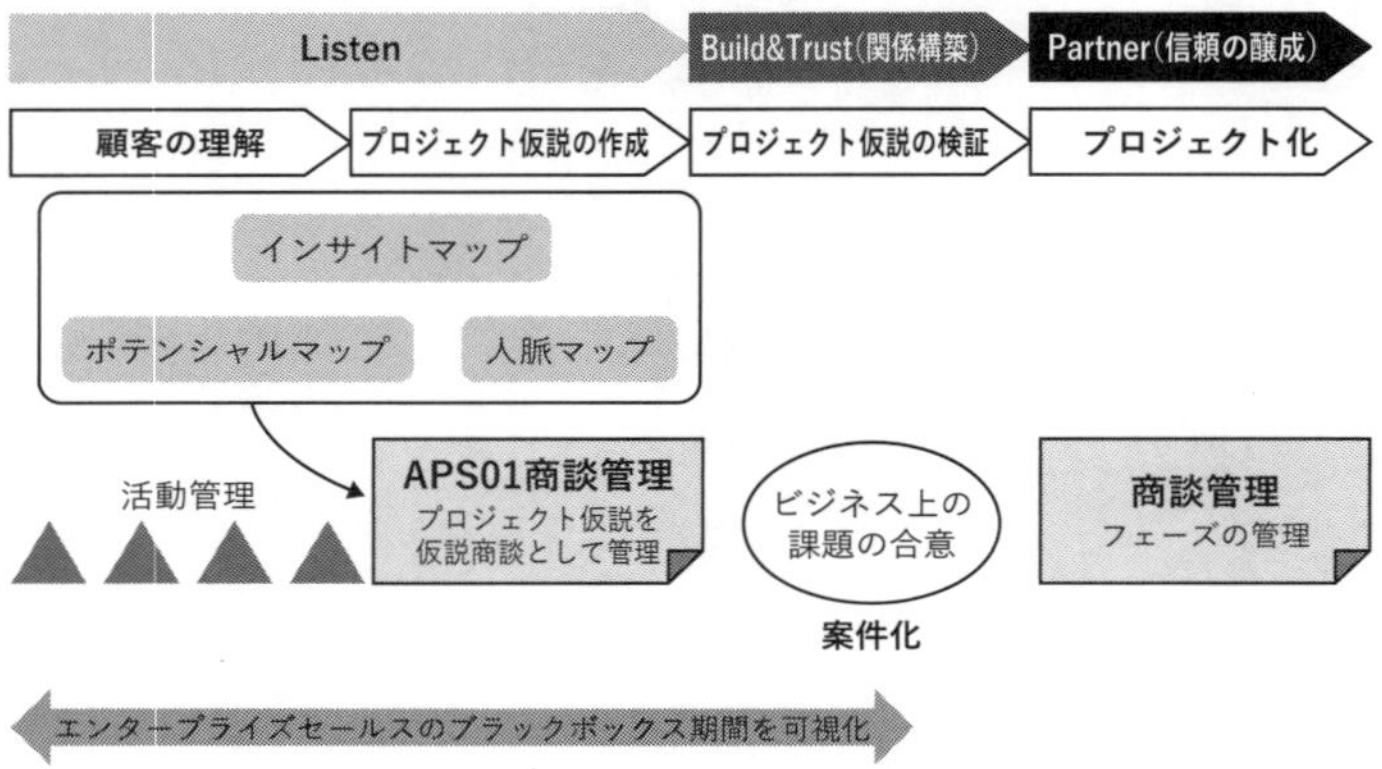

バーしていくのか？誰に紹介してもらうのか？を表現します。

マップにすることで、カバーできていない人も可視化できますので、アカウントチームで誰にどのようなコンテンツでアプローチすべきか、誰に紹介をお願いするかといったアクションプランを立てやすくなります。

チャンピオンは戦略計画の背景に課題感を持ち、プロジェクトとして立ち上げることができ、過去に一貫して成功を収めてきた人であり、周囲にプロジェクトを前に進める仲間をつくれる人です。過去の実績から決定者や承認者にも影響を与えることが可能で、決定者や承認者自身がチャンピオンとなることもありえます。このようなチャンピオンは一足飛びに見つけることは難しく、探し出すまでに年単位の年月が必要となることも珍しくありません。

しかし、チャンピオンとなる可能性のある人に戦略実行の必要性と提案価値を認識してもらえれば強力なパートナー関係を構築し、プロジェクト化を一気に前進させることが可能となります。

エンタープライズセールスでは1つの商談が終わればそれで終わりではなく、プロジェクトを成功させて通行証をもらい次のプロジェクトに関わっていくことになります。プロジェクトが成功すれば関わったプロジェクト関係者が成果を認められて、役職があがっていくこともあります。プロジェクト成功の成果を積み重ねることで互いの信頼関係はより強固となり、そういったプロジェクト関係者が次のチャンピオンとなっていくことも珍しくないのです。

■プロジェクト化までのブラックスボックス期間の可視化

弊社ではこのアカウントプランでプロジェクト仮説をつくった後のブラックボックス期間のプロセスを可視化するため、SFAの商談レコードの最初のフェーズ（01）を使い、APS01商談と呼んでいます。

エンタープライズセールスにおけるフェーズ（01）では作成したプロジェクト仮説の内

図4-10 | エンタープライズセールスの商談作成課題

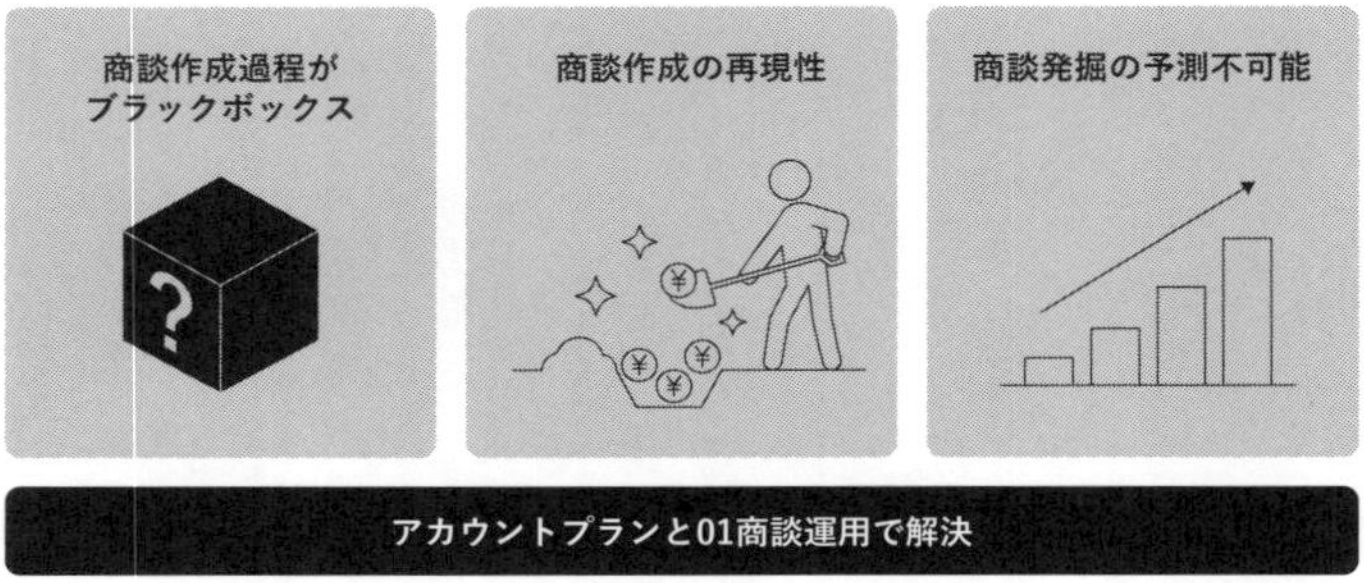

容や、プロジェクト化までの目標日付、ポテンシャル金額、活動プラン、活動履歴を管理しています。こうすることでお客さまごと、営業ごとにどれだけのプロジェクト仮説件数があり、どれだけの金額の案件化に向けて動いているのかが可視化できるようになります。

また、これによりスプレッドシートやスライドで管理していたような、プロジェクト化に向けたアクションもSFA上で管理できるようになるので、マネージャーやアカウントチームメンバーが活動状況をレポートやグラフなどでいつでも把握できます。つまり、商談作成のフォーキャストが可能になるのです。

そして、APS01商談数や、プロジェクト化のための活動件数、APS01商談からの案件化金額などブラックボックス化されていたプロセスを可視化し、そのプロセス自体の目標を決め、PDCAをします。商談作成という目標を達成したら、その成果を認めることで、この長い期間を乗り切りプロセスを前に進めることができます。

インサイトマップを通してお客さまを理解し、緻密につくられた商談はお客さまの潜在ニーズ情報の宝庫でもあります。私の本部ではこのプロジェクト仮説をＡＰＳ01商談の場に記載し、リスト化したりキーワードを集計したりしてコンテンツづくりやマーケティングイベントのテーマづくりの参考情報として活用しています。

4-3 アカウント戦略は部署ジャーニーから考える

インサイトマップで情報を集めて、お客さまの戦略や投資の優先順位がわかってきたときに、どのプロジェクトから支援すべきか計画を立てることが重要です。

営業目線で自社の売り上げが最大化するプロジェクトに優先的にリソースを割り当てることはお客さま目線ではありません。お客さまにとっての「重要度」とプロジェクトを開始する「難易度」を照らし合わせて展開計画を立てることで、プロジェクト成果を早期に実現しやすくなります。

展開計画を考えることきに、この難易度がおざなりにされがちです。難易度にはお客さまと自社にとっての2つの意味が存在します。

お客さまにとってはヒト・モノ・カネの障壁があるかどうかが難易度に影響します。

1つ事例を紹介します。海外売上比率が80％のグローバル企業に、グローバル全ての営業を対象にした営業DXプロジェクトを計画したとします。営業のほとんどが海外にいるので、海外からプロジェクトをスタートしようとしましたが、現地法人は独自のシステムを構築しており、売上が低迷して新規プロジェクトを立ち上げられるほどの利益もなく、新規開拓に忙しくてプロジェクトに充てる人がいないなどの理由から、現地法人がなかなかプロジェクト開始に協力をしてくれない状況です。その場合、難易度を無視して、「海外比率が高いから海外から開始しましょう」と言っても、そこまで高い壁があると、上手くいく確率は低いでしょう。それであれば、人数は少なくてもビジネスが堅調な国内から小さくスタートし、ビジネス成果を1年かけて出すことでグローバルを説得する材料をつくるステップを踏むことが必要になるわけです。

難易度をヒト・モノ・カネの障壁ではかる

・プロジェクトを推し進める組織や人がいるか？

・すでに利用している製品サービスがあるか？
・投資をする原資があるか？

また、自社にとっての難易度も重要です。例えば、先ほどのグローバル企業に対して、セールスフォース・ジャパンが品質管理プロジェクトの提案をするとします。ただ私たちが品質管理領域のソリューションを持っていることをお客さまが全く知らない場合、「セールスフォースは営業ＳＦＡの会社でしょ？どうして品質管理なの？」と提案する機会すらいただけないこともあります。また品質管理の部署にコンタクト先がないことや、東京本社では提案できるＳＥが潤沢にいても、地方の支社ではこのソリューションを説明できる人がまだ採用できていないなどのケースがあるかもしれません。

その場合、いくらお客さまにとって課題感があり投資の優先順位が高かったとしてもすぐには提案ができません。それであれば、まず営業ＤＸで実績を積み、より品質管理に近い設計開発や見積業務でも利用してもらうことで「意外にセールスフォースは営業領域以外でも活用できるな」と思ってもらえますし、その期間に採用や教育を行うことができればお客さまのプロジェクトを支援させてもらえる確率があがるわけです。

図 4-11 ｜ 部署ジャーニーのサンプル

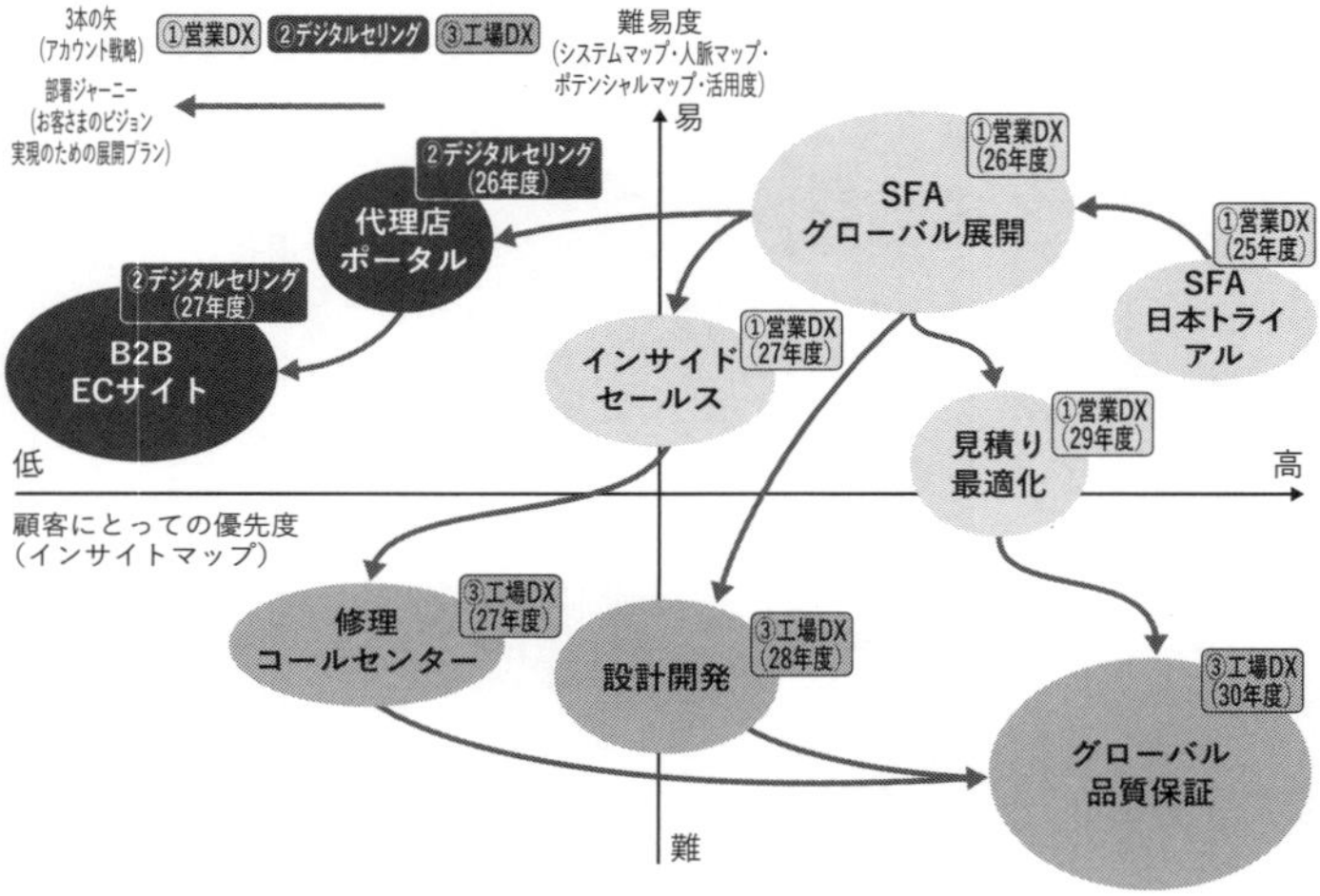

自社にとっての難易度をはかる

・自社が提案する妥当性があるかどうか?
・行き先があるか?
・提案できる力、リソースがあるか?

これらを「難易度」として縦軸にし、「お客さまにとっての価値と優先度」を横軸にマッピングを行い、プロジェクトの展開計画をつくります。1つひとつのプロジェクトや提案を単発で終わらせずに、少なくとも2〜3年先まで考えていきます。1つのプロジェクトを成功させて次の部署へ支援しにいく……この様子が、さまざまな国を転々とする長い旅路と似ていることから、私たちはこの計画を「部署ジャーニー」と呼んでいます。

数年かけて複数のプロジェクトを成功させていく部署ジャーニーを「1つの戦略（矢）」としています。社内外に説明するときに非常に大事になってきます。営業はいつでもお客さまのことやアカウントプランのことを考えているので部署ジャーニーや1つひとつの細かいプロジェクトを記憶していますが、関連部門の方々は複数人の営業をサポートしていることから全てを記憶することが難しいです。そこで、プロジェクトを細かく説明するより、「このお客さまには3つの戦略がありまして……」と説明するほうが記憶に残りやすくなります。また、お客さまに対しても「弊社の今後の支援方針は3つありまして……」と説明すれば理解を得やすくなります。

私の部署では「3本の矢」と名づけて、この3つの戦略をアカウントプランニングセッションで発表してもらっています。

■ アクションプランは決裁者の採用決定基準からの逆算で考える

次に、1つひとつのプロジェクト仮説についてのアクションプランを考える必要があります。**そこで大事な考え方が、採用決定基準から逆算で考えることと、そのシナリオを複数つくっておくことです。**大手企業のプロジェクト実施判断には意思決定に関わる数多くの影響者の意見が影響を与えます。これを1つの方向にまとめるには、それぞれの取り組み施策の決裁者の採用決定基準を「的」だとすると、矢を的の方向に向かって飛ばす矢羽根をつくっておかないといけないのです。この矢羽根こそが最終決裁者の採用決定基準から逆算するプランなのです。

具体例をもとに決裁者の採用決定基準から逆算してアクションプランをつくる方法を考えてみましょう。3つのマップから作成したプロジェクト仮説ごとに意思決定者の採用決定基準をもとにアクションプランをつくります。

弊社が産業ガスメーカーへアプローチした際の事例です。この企業でのビジネスゴール達成のための戦略は営業売上の向上でしたが、障害はトップセールスとそうでない人の差が激しく、属人化が大きな問題でした。しかも、これまで取引が全くないお客さまでしたので弊社に対する信頼関係は築けていない状態でした。そのため、まず一部部門において私たちはトップセールスを参考にしたロールモデルを定義する支援をして、まずは3か月のトライアル運用をしてもらいました。

その後、事業部全体に展開をするため、トライアル期間に得られたヒアリング情報とデータをもとに詳細なトップセールス分析を行い、ロールモデルを完成させました。また、それにもとづいた行動を提案するシステムとトレーニング、運用までを設計し、報

図 4-12 ｜ アクションプランは決裁者の採用決定基準からの逆算で考える

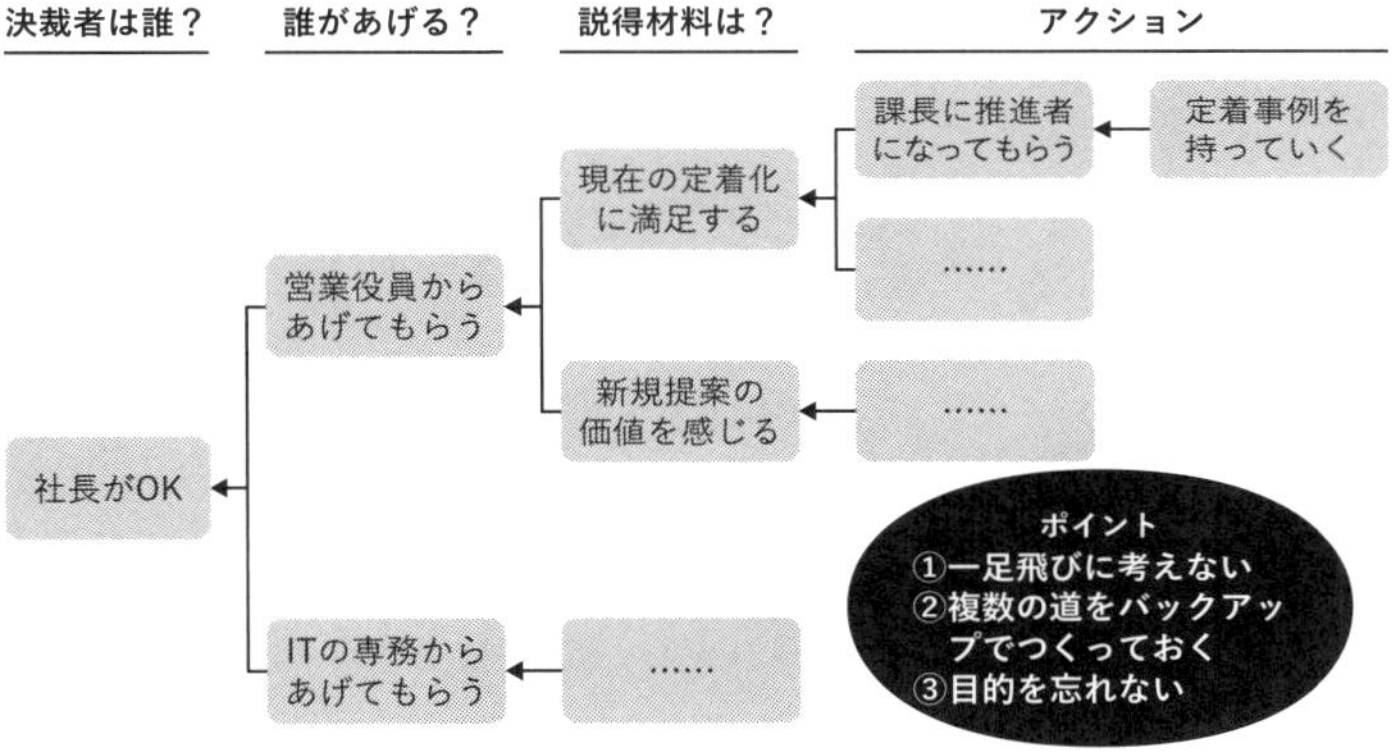

告を行うことで事業部全体で利用することの効果を理解してもらいました。その結果、営業部全体に広げる判断が下りました。

マップで優先度の高いプロジェクト仮説が作成できた場合も一足飛びで全部門への展開決裁を迫るような提案を考えるのではなく、プロジェクト仮説採用の決裁者の基準が営業売上の向上であれば、そのビジネス成果が出せるということを証明していく必要があります。それがこのケースではこれまで取引がない状態であるということで、決裁者のビジネス成果への強い判断基準から逆算し、まずはトライアル運用で短期に成果を出すことを最初のアクションプランとし、決裁者や影響者と同じプロジェクトという船に乗り込むことにしたのです。

また、ヘルスケア企業へのプロジェクト提

案では、米国側の先行プロジェクトにおいて政治力で競合企業に負けてしまい、日本本社の営業部も同じ流れで競合製品に決まってしまいました。通常であればここで諦めてしまうかもしれませんが、ここまでヒアリングしてきたインサイトマップの情報から読み解くと、お客さまのビジネスゴールの達成するための要件を満たせるのは弊社の製品しかありえないということがわかっていたので、競合企業の製品の導入期間中も3本の矢からは外さずにお客さまへのアプローチジャーニーを描き、アクションプランを実行し続けました。

具体的には、商談の失注後もＩＴ部門には競合企業の導入プロジェクトの状況を確認し、現場の営業部門には戦略で実現したいことの声を集め続け、この戦略の影響者には、弊社で実現できることの説明や啓蒙活動を続け、支援者の輪が徐々に広がっていきました。また、並行して別の製品のプロジェクトでビジネス成果を積み重ね、信頼を獲得していきました。

2年後、想定通り、競合企業のプロジェクトは導入こそ完了し、利用が始まったもののビジネス成果を達成できず、行き詰まったお客さまから、ここまで他のプロジェクトでビジネス成果を積み重ね、現場の声を集め、支援者を獲得してきた弊社の担当営業に一番に声がかかり、営業部全体への採用という大きな商談を手に入れることができたのです。まさにアカウントプランで描いていた決裁者の採用基準から逆算したアクションプランが実ったのです。

図 4-13 ｜ ３本の矢を緻密なアクションプランで前に進める

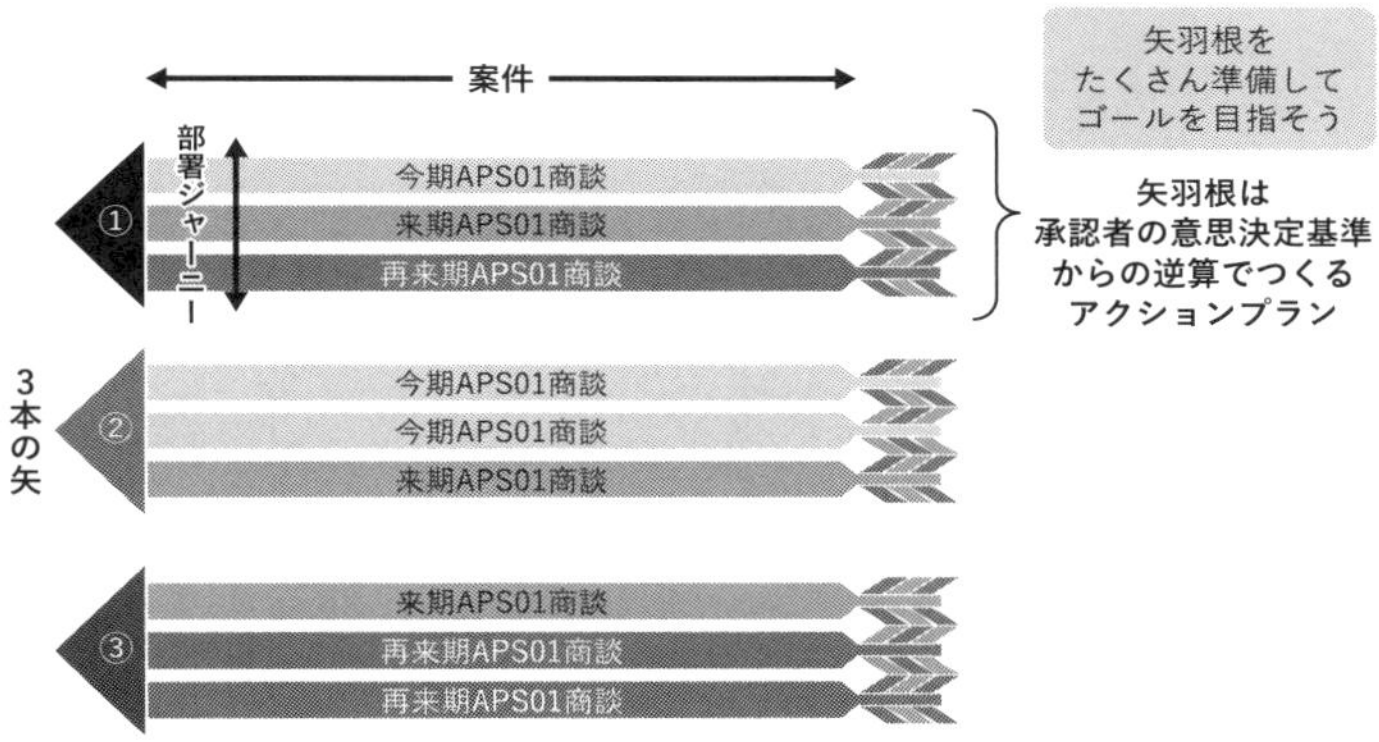

施策を全社に展開していくというようなゴールを達成するために誰に賛同してもらう必要があるのか？　その人にGOをもらうためには誰から稟議をあげてもらうのがベストなのか？　例えば、A役員から上にあげてもらうのが望ましい場合、A役員のGOの基準は売上なのか、コスト削減なのか？　それとも自社製品を採用してもらっている領域でのビジネス成果の達成なのか？

もしすでに採用してもらっている領域でのビジネス成果が出ていないのであれば、その成果を半年以内に達成するなどと決めます。そこを起点に、半年後にはA役員へビジネス成果の報告を行うというゴールを設定し、そこから逆算して仮説商談の展開順序や戦略を考え抜いてください。

この3本の矢の部署ジャーニー、そしてそこに紐づくプロジェクト仮説をそれぞれプロジェクト化していくには決裁者の採用基準から逆算した緻密なアクションプランが必要です。そしてそのアクションプランの緻密さと矢の大きさが社内のリソースやアカウントチームに納得感を生み出し、協力を得る鍵になってくるのです。

プランニングにより、社内の協力を得て、リソースを獲得することもエンタープライズセールスの大事な仕事なのです。

4-4 チームでアカウントプランを実現する運用ルール

エンタープライズセールスが存在する企業であれば、アカウントプランと呼ばずとも何かしら特定個社向けのプラン作成に取り組んでいる企業は多いでしょう。そういった企業から「アカウントプランをつくっているけれど実行しきれない」という相談を聞くのですが、その原因の多くは運用にあります。

▼アカウントプランでよくある失敗

・アカウントプランをつくったきり放置

せっかくアカウントプランをつくり、期初の計画では「1年で○○億円のアカウントに育てます！」と豪語したものの、1年後に確認をしてみるとプランは実行されず、関係者が前回指摘、指示したことも誰も覚えておらず、結局また新しいプランをつくり、振り出しに戻るケースです。アカウントプランの確認のはずが、すでに案件化している案件の進捗確認で終わってしまうこともあります。

・なじみの提案内容で完結

アカウントプランに記載されている内容が、自身が得意な製品・サービスのみを提案する内容で構成されており、お客さまが求めているビジネス成果が何で、それを達成できるプランになっているのかが不明確なことがあります。結果、お客さまの求めているニーズを十分に理解できないままプロダクトアウト（Product Out：企業の考え・計画を優先して開発・販売すること）の考え方で持っていってしまうのです。

・アカウントチームの巻き込み不足

アカウントプランについて話し合うためにアカウントチームで集まっても営業の報告会になってしまい、アカウントチームからそもそも意見が出ないことがあります。

マネージャーや各担当製品のスペシャリストやエンジニアへの情報共有が足りず、参加するメンバーも意見を出しづらく、結果的に周囲は待ちの態勢になってしまいます。

プランというのはあくまで指針であって、正解はありません。1回つくってうまくいくプランなどこの世に存在せず、どこに問題があってどこがうまく行くかをチームで可視化しやすくするためにプランをつくるのであって、PDCAを継続していかないのであればプランをつくる意味がありません。

これらのアカウントプランでよくある失敗を回避するのがアカウントプランニングセッション（APS）とミニアカウントプランニングセッション（ミニAPS）という2つの会議体です。ただ、その会議体もただ開催すれば解決するというわけではありません。アカウントプランをアカウントチームでPDCAを回し、前に進めるための仕組みをつくり、運用する方法を説明します。

▼2種類の会議体でアカウントプラン実行を仕組み化

ＡＰＳとミニＡＰＳの２つの会議体にはアカウントチームに参加してもらいます。アカウントチームの２つの会議体での役割は、営業が訪問活動でアップデートした３つのマップを理解し、お客さまの戦略実現のためのプロジェクト仮説のアイデアを出すこと と、プロジェクト仮説をプロジェクト化するためのアクションプランのアイデアを出し、そのアクションをサポートすることです。図４－２でいえば、「目標に対する戦略」の要素がＡＰＳで議論する内容で、「顧客理解」の要素がミニＡＰＳで議論する内容です。

▼ＡＰＳ（アカウントプランニングセッション）

ＡＰＳは期初や四半期の始まりのタイミングなどに実施するもので、アカウント（お客さま企業）における数年で目指す営業目標の達成までの道のりとその進捗を営業自身が、本部長や直属のマネージャーやアカウントチーム、関連する部門のマネジメントと共有し、実行プランを宣言する場です。宣言することで関係する部門のマネジメントの合意が得られ、サポートや情報提供などの協力を得ることが可能になりますし、本人も宣言したことで実行しなければという責任感が生まれます。

そのため営業自身がアカウントプランの方向性をまとめ、ここまでのアクションによる数字進捗やマップの情報取得の進捗状況を話すことが重要です。

〈主なアジェンダ〉

・数年で目指す数字目標とその進捗（売上・商談作成進捗）
・数字目標を達成するための部署ジャーニーとアクションプラン
・3つのマップの情報取得の進捗
・周囲へのリクエスト

▼ミニAPS（ミニアカウントプランニングセッション）

ミニAPSはAPSに比べると頻度は高くなり、週次から少なくとも月次単位で行います。この会議体の目的はただ1つ、プロジェクト仮説をつくって、前に進めることです。

ミニAPSには営業とアカウントチームのメンバーが主体となって参加をします。ここではAPSで決めたアカウントの数字目標を達成するための部署ジャーニーをもとに仮説商談を案件化するためのアクションプランとその進捗が主な議題になります。

営業がお客さま先で得てきた3つのマップの情報を持ち帰り、報告しアカウントチームで顧客理解を深めます。3つのマップの情報とは、新たに入手したお客さまのゴール目標や、戦略の優先順位、そこにある課題感（インサイトマップ）かもしれませんし、新たな人事情報であったり、エグゼクティブに訪問した際の役員の興味関心や、戦略で一番実現したい目標かもしれません（人脈マップ）。あるいは、組織図には載っておらず把握していなかった新たな組織の情報かもしれません（ポテンシャルマップ）。

一方、アカウントチームのメンバーである製品スペシャリストや技術担当やマネージャーは、インサイトマップを理解し、プロジェクト仮説を作成するための製品ソリューションや社内の事例の情報を提供し、アイデアを話し合います。プロジェクト仮説が作成できたなら、そのプロジェクト仮説をプロジェクト化するための資料や勉強会、ワークショップなど次のアクションのアイデアを出し合います。

営業がお客さま先に訪問活動を行うたびにマップに情報が蓄積され、ミニAPSで共有すればアカウントチームの顧客理解はどんどん深まり、各自のアクションプランが決まっていきます。

アカウントチームからアドバイスをもらえないのではなく、営業がアカウントチームに情報提供をしていないからアイデアをもらえないのです。お客さま先に訪問し、意思決定者と直接話をしている営業の情報提供なしに、プロジェクト化のためのアイデアや適切な情報が返ってくることはありません。まず営業からの情報提供があり、それが活発な議論を生み出すのです。

部署ジャーニーをもとに活動量を増やし、情報を持ち帰り、アカウントチーム全体の顧客理解を深めるための会議体のアジェンダと運用方法を決めて仕組み化することで蓄積型の営業活動が可能になります。

アカウントチームのメンバーには製品スペシャリストや技術担当、カスタマーサクセスなど営業部門ではないメンバーもいるので、部署を超えた連携が必要になります。マネジメントがこの会議の運用ルール決めを部門間で行い、仕組み化することでプロジェクト化や商談作成の属人化を防止することが可能になります。

▼関係者の情報量を均一にすることが活発な議論を生む

お客さまの優先順位が高いプロジェクト仮説はお客さまにとって大事な投資領域です

図 4-14 ｜ 情報蓄積型の営業活動

活動すればするほど情報がマップにたまり、ミニAPSでプロジェクト仮説の精度が高まっていく

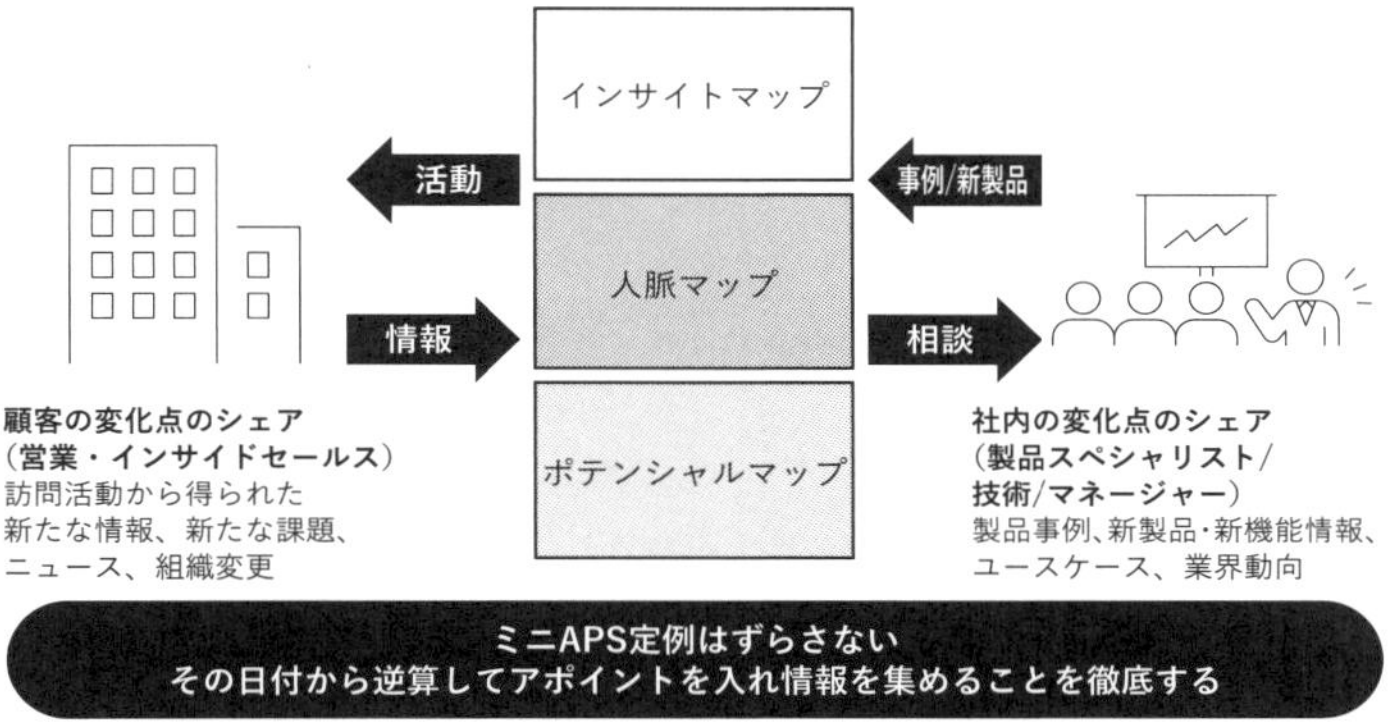

ので、投資対効果のある戦略実現案を持っていけば大きな案件化が見込めます。そのための目標と部署ジャーニーを宣言し、営業が集めてきたプロジェクト仮説に関する情報を提供し続けることで周囲は次第に一体化し、カラーバス効果（3－2参照）を生み出せます。

カラーバス効果をアカウントチームのメンバーに生み出すために、APSやミニAPSでお客さまのインサイトマップやプロジェクト仮説、その障害、それがプロジェクト化したときの案件の大きさについて、繰り返し営業は伝えます。

そうして、アカウントチームのメンバーにプロジェクト仮説が刷り込まれると、その大きな投資領域に投資に値する提案を行うため、製品スペシャリストや技術担当、カスタマーサクセス、インサイドセールスのメンバーは、社内

図 4-15 ｜ APSとミニAPS会議体の違い

	APS	ミニAPS
会議ゴール	今期〜数年間のアカウント数字目標達成の戦略プランの発表と合意	今期の商談作成目標達成の数字進捗報告とアクションプラン検討
頻度	四半期〜半期	週次〜月次
参加者	営業部門長、マネージャー、営業、技術担当、製品スペシャリスト、カスタマーサクセス、インサイドセールス	営業、営業マネージャー、技術担当、製品スペシャリスト、カスタマーサクセス、インサイドセールス
アジェンダ	アカウント数字の目標達成プラン	APS01商談の数字進捗
	アカウント戦略（部署ジャーニー）	3つのマップの追加情報共有
	各プロジェクト仮説のアクションプラン	APS01商談を前に進めるためのアイデア検討
	周囲への依頼	各担当のアクションプラン合意

で新しい事例や機能の情報を見るたびに「あちらのお客さまのプロジェクト仮説のプロジェクト化のネタに使えそうだ。営業に言ってみよう」「投資領域の決定者がこの記事でこんな話をしていました」「こちらのお客さまにこの事例を持っていけば社内説明に使ってもらえそうだ」というように情報を見つけ、提供してくれるようになるのです。

どんどん情報がアカウントチームに蓄積されていく仕組みが、APS／ミニAPSという会議体による情報提供とAPS01商談によるプロジェクト仮説の可視化です。

提案チャンスが少ないエンタープライズセールスだからこそ、1つのプロジェクトから逃げずに徹底的に向き合った営業に成功への道が開かれると言えます。

Column エンタープライズセールスの実践例

エンタープライズセールスに必要な４つの施策（２－３）がどの場面で活用されるかイメージしやすいように、実践しているとある企業のサンプル例をご紹介します。今回はさまざまな業務システムのＳａａＳを販売しているエンタ社が製造業のオーハナ工業に提案をしていくケースで紹介します。

想定するお客さま
企業名：株式会社オーハナ工業　業種：製造業　売上高：８０００億円
従業員数：２万人　グループ会社数：50

まずListenフェーズのお客さまの調査からスタートです。

図 4-16 | Listen フェーズ：顧客の調査からスタート

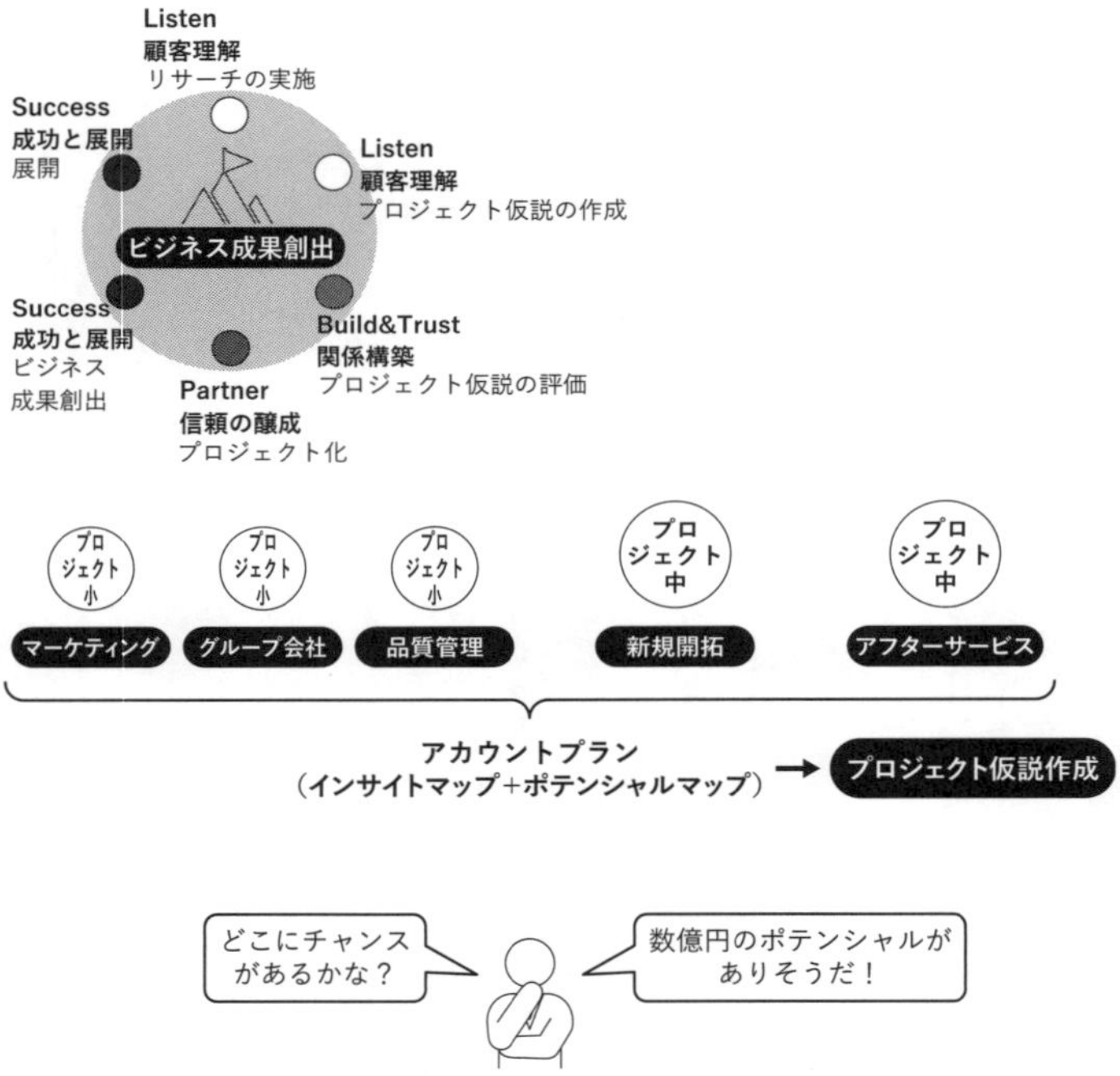

図4-17 ｜ Listen フェーズ：アカウントプランニング活動

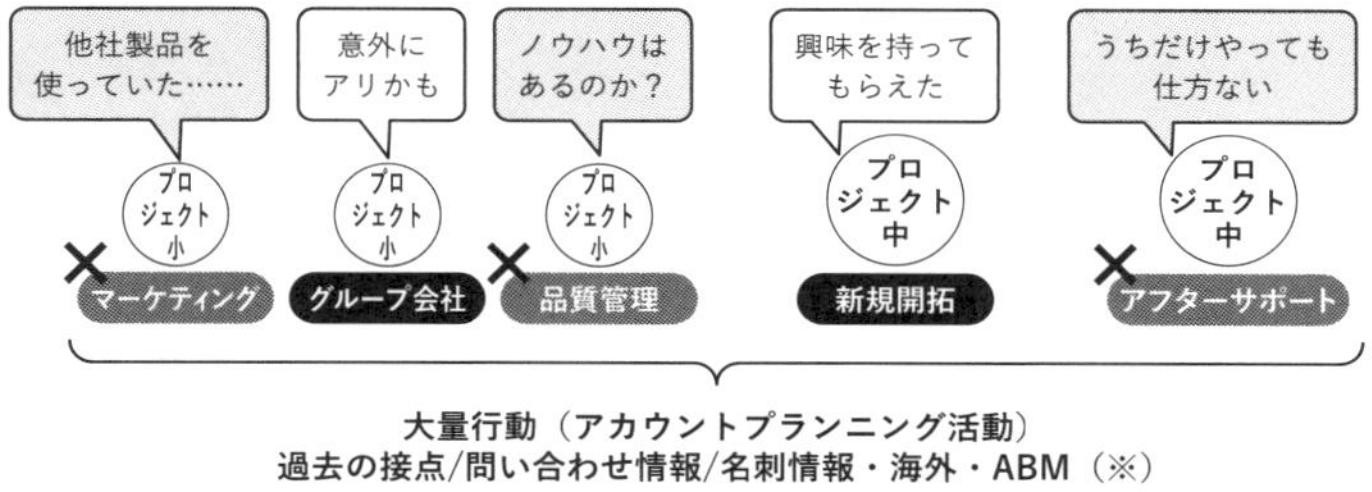

※ABM:Account Based Marketing

オーハナ工業の新しい担当営業になった安藤さんはエンタープライズセールス経験が豊富なので、いきなりカタログを持ってお客さま先に訪問しようとはしません。

まずはアカウントプランの3つのマップの作成に取りかかりました。インサイドセールスと協力しながらホームページや採用サイトを検索したり、パートナー企業や社内でオーハナ工業出身者に話を聞いたりと、また自社の顧客管理システムにある過去の名刺情報から引き継ぎの挨拶も兼ねてマップの情報を埋めに奔走しました。

その情報をもとに上司や社内のソリューションエンジニアと議論を重ね、営業領域、アフターサポート領域、マーケティング領域のソリューションを使った貢献ができそうなことがわかりました。大きなポテンシャルを感じ、そこでプロジェクト仮説をつくり、複数の部署にぶつけてみようということになりました。アカウントプランがあるからこそ、チームが同じ情報をもとに議論が建設的にできましたし、安藤さん自身も最短距離で情報を取得できました。

プロジェクト仮説を複数の部署に紹介をした結果としては、アフターサポートの部門からは「自分たちの部署だけシステム化しても意味がなく、他の部署の動向を見てから判断するよ」と言われて断られました。品質管理の部門においては「御社の業界内でのシェアが低く、ノウハウがあるとは思えない」と、これも断られました。またデジタルマーケティングの部署においては競合他社を使っているということもあり、ここでも断られてしまいました。ただ、グループ会社の1つと新規開拓の営業部門においては非常に強い興味を持ってもらえました。

ここからはBuild&Trust（関係構築）フェーズです。

ただ、せっかく興味を持っていただいた2つの部署でしたが、グループ会社の方は資金的にすぐに契約できないので厳しいと断られてしまいました。しかし、ここで諦めてはならないのがエンタープライズセールスです。限りあるチャンスを100%でものにしないといけないということを安藤さんは理解していたので、むしろまだ興味を持っていただけている部署があることを前向きに捉えていました。

図4-18 ｜ Build&Trustフェーズ：啓蒙と仲間づくりでプロジェクト企画を醸成する

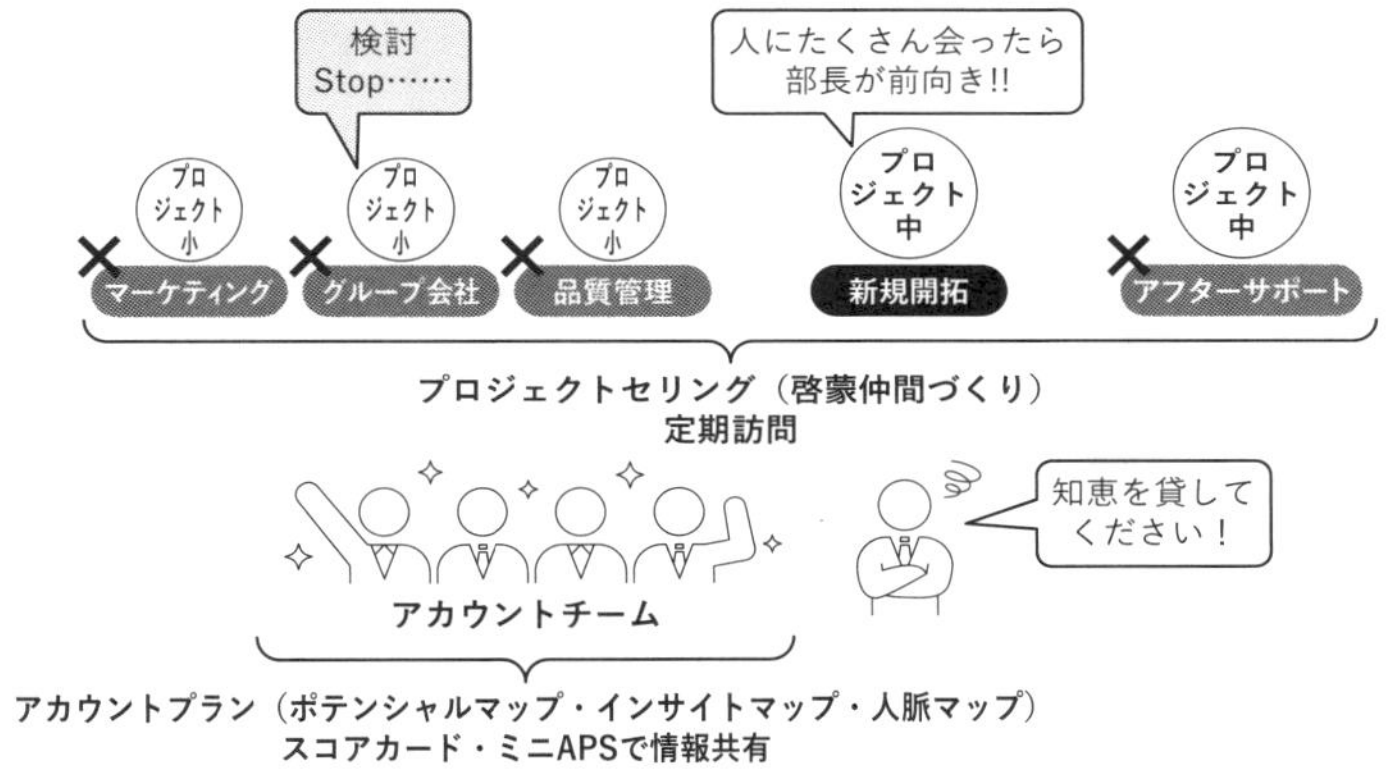

そしてPartner（信頼の醸成）フェーズに入ります。新規開拓の営業部門の部長さんが非常に前向きでしたが、現場の過去に導入したシステムの失敗経験を払拭する必要や、評価制度やトレーニング作成など、かなり多岐にわたる問題を抱えていました。そこで、これは営業1人では対応できないと判断し、アカウントチームの支援を仰ぎました。ただ、まだ何も契約がない新規のお客さまに社内の関係者はどこまで投資をするか疑問を感じていました。そこでも安藤さんは諦めません。アカウントプランを使いながら3年後の自社の想定契約金額とどの部署にどのような順番で訴えかけるかという部署ジャーニーを社内に訴えかけ、見事コンサルチーム、ソリューションエンジニアチームの支援を仰ぐことが

図 4-19 ｜ Partner フェーズ：プロジェクト企画策定を支援し、プロジェクト化

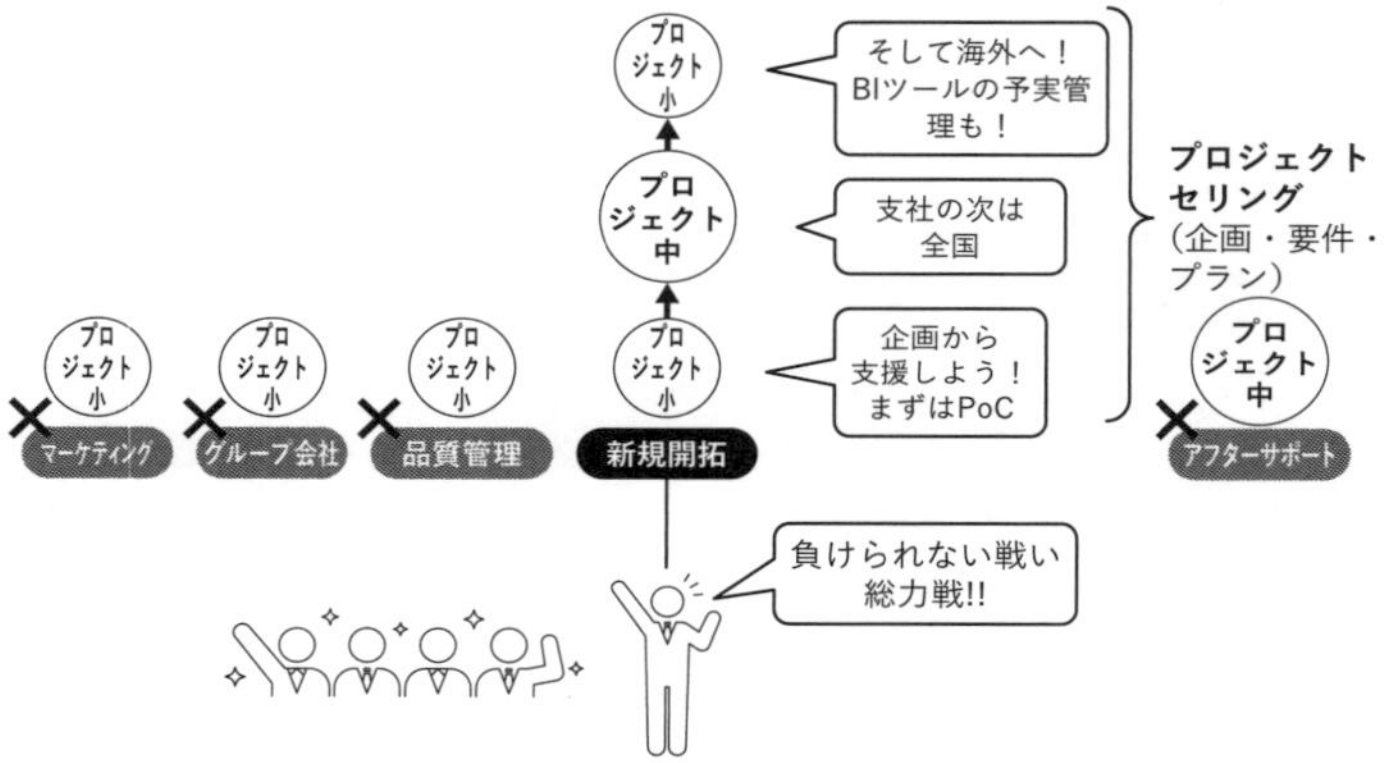

できました。結果、営業部長の悩みに乗ってあげることができ、まずはその部長の傘下の数名でトライアルをすることになりました。

安藤さんはお客さまのプロジェクトを立ち上げる段階から伴走支援するプロジェクトセリングの重要性を理解していたからこそ、一見システムには関係ない文化の醸成方法や評価制度の設計方法をアドバイスしてあげることで、部長もただの製品提案営業ではなく一緒にプロジェクトを進めてくれる伴走パートナーとして認識をしてくれることになりました。

そして最後のSuccess（成功と展開）フェーズです。

部長も安藤さんのサポートに大満足でしたので、このトライアルプロジェクトの成果が

図4-20 | Success フェーズ：ビジネス成果創出で信頼を獲得する

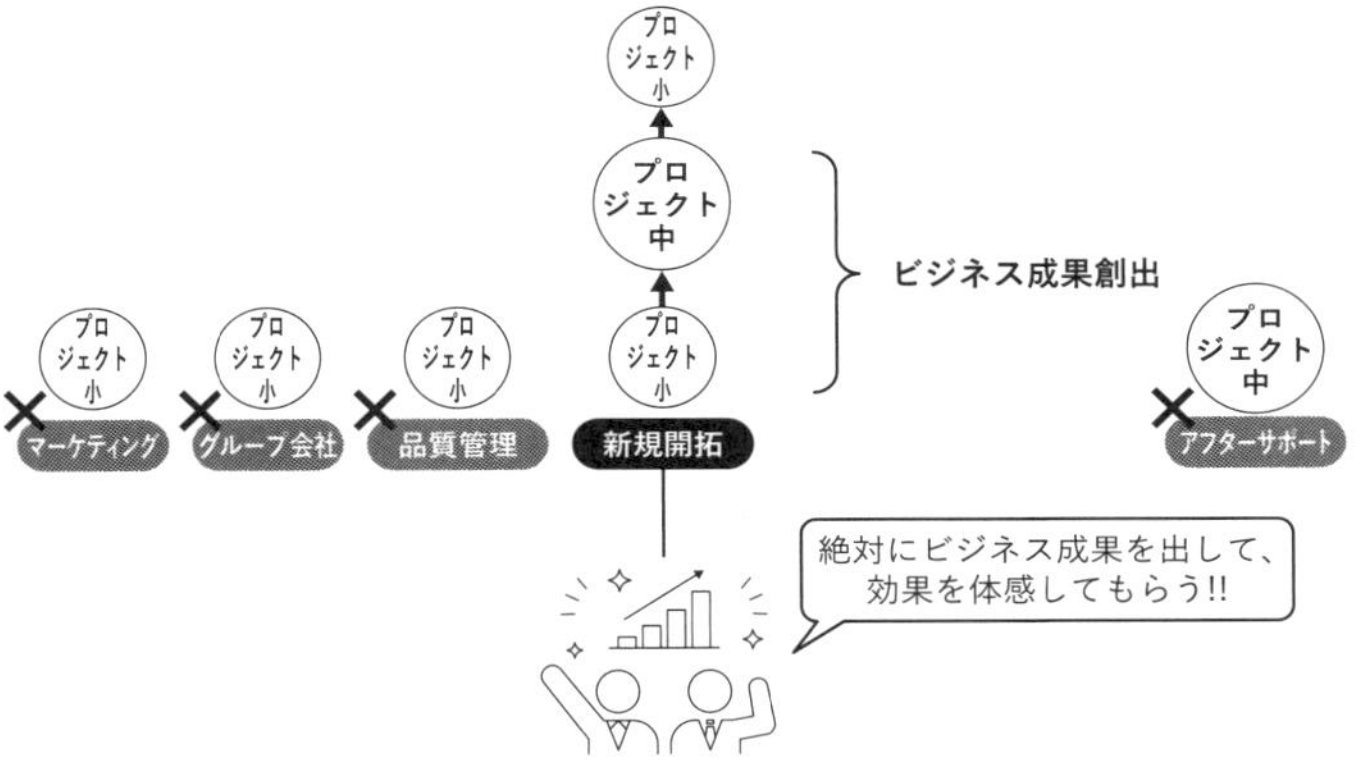

出れば常務に報告をし、支社から全国展開、さらには海外展開もスケジュールに入れてもらうことになりました。

お客さまと自社の垣根を越えてチーム一丸となって対応をした結果、この3か月のトライアルで成果を出すことができ、お客さまの信頼を得ることに成功しました。

そして、満を持してその成果を営業の役員に報告したところ、営業の役員は「うちでもDXはできるんだな！」と、驚きと興奮で部長を称賛されました。また、その役員はアフターサポートの役員も兼務していたため、アフターサポートの部隊の紹介もしてくれることになり、再検討が始まりました。またデジタルマーケティングの部署にこの成果を伝えに行くと、競合からの乗り換えも検討してく

図 4-21 ｜ Success フェーズ：お客さまの信頼を得て、次のプロジェクトへの通行証を獲得

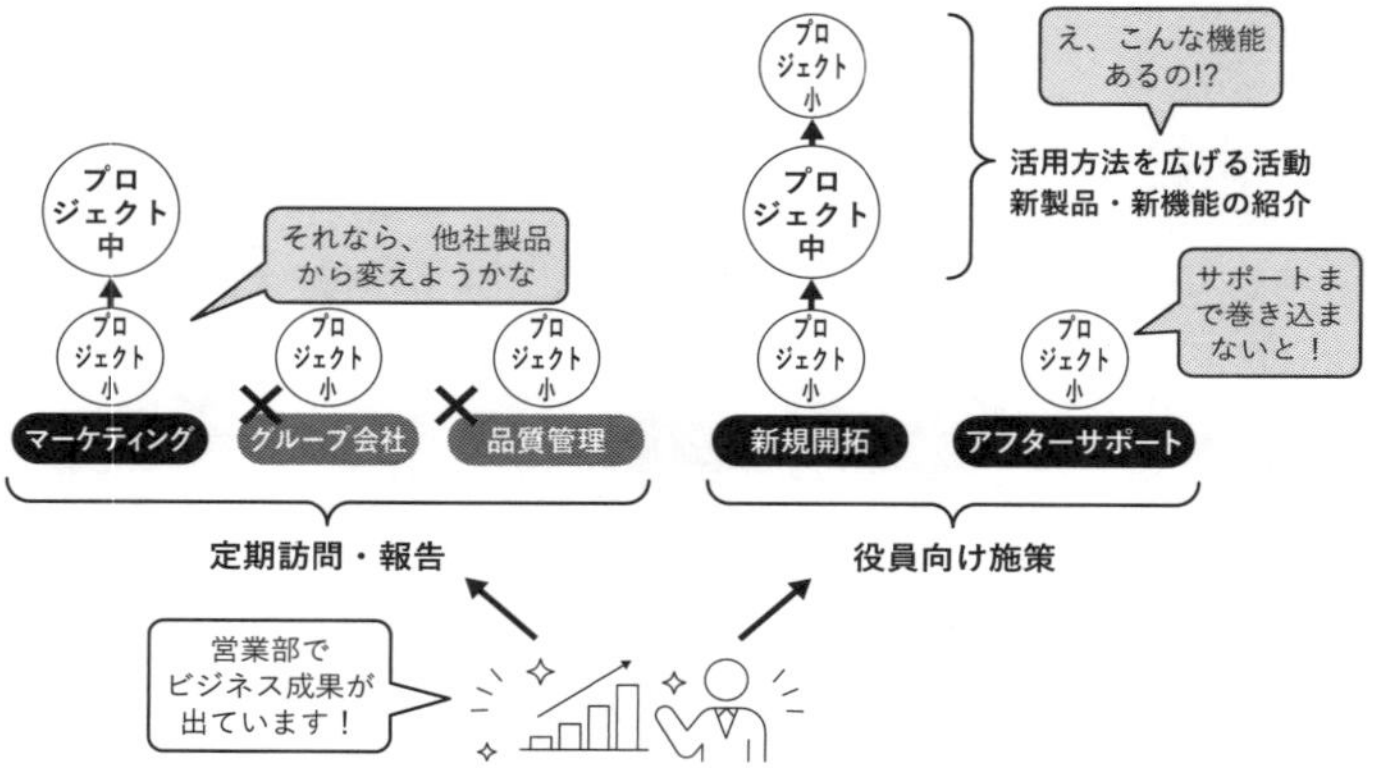

れることになりました。また複数部署で動き始めたプロジェクトを横目で見ていた今まで全く興味を示さなかった品質管理の部署も「そこまで広がっているならもう1回話を聞かせてよ」と、数か月前とは正反対の態度に変わりました。

また初めトライアルを一緒にやってくれた部長さんは社内からも「どうやってそんなに成果を出したのか？」と聞かれ、引っ張りだこになり評価がうなぎ上りになりました。

このようにお客さまの成功を最大のゴールとして置いていた安藤さんは、たとえ小規模な契約だとしても全力でビジネス成果創出を支援することでお客さまの信頼を得ることに成功をしました。

また大企業の組織構造を理解したため、現

場の成功を会社の成功に昇華させるためにも部長と一緒に役員訪問の機会をつくり、プロジェクトの展開を加速させることができました。

これはあくまで架空の話ですが、このようなストーリーを私は何十社と見てきました。この架空の話を実現するために、この４つの施策を駆使してお客さまとともに成長するストーリーを読者の皆さまでつくっていただけると嬉しいです。

第5章 プロジェクトの企画／実行を支援するプロジェクトセリング

5-1 プロジェクトのビジネス成果創出が目標の営業手法

2－1で紹介した通り、エンタープライズセールスでは商談のゴールを商談の成約に置くのではなく、プロジェクトのビジネス成果創出をゴールに置くことが重要な鍵であると説明をしました。

プロジェクトのビジネス成果創出をゴールにすると、営業プロセスはお客さまの購買検討プロセスを押さえるだけでは不十分であることがわかります。プロジェクトを起案し、準備を進め、成功に至るまでにお客さまが実施する全てのタスクを視野に入れて支援する必要があるのです。

図 5-1 ｜ 購買プロセスタスクは氷山の一角

顧客が行うべきことを踏まえて考える

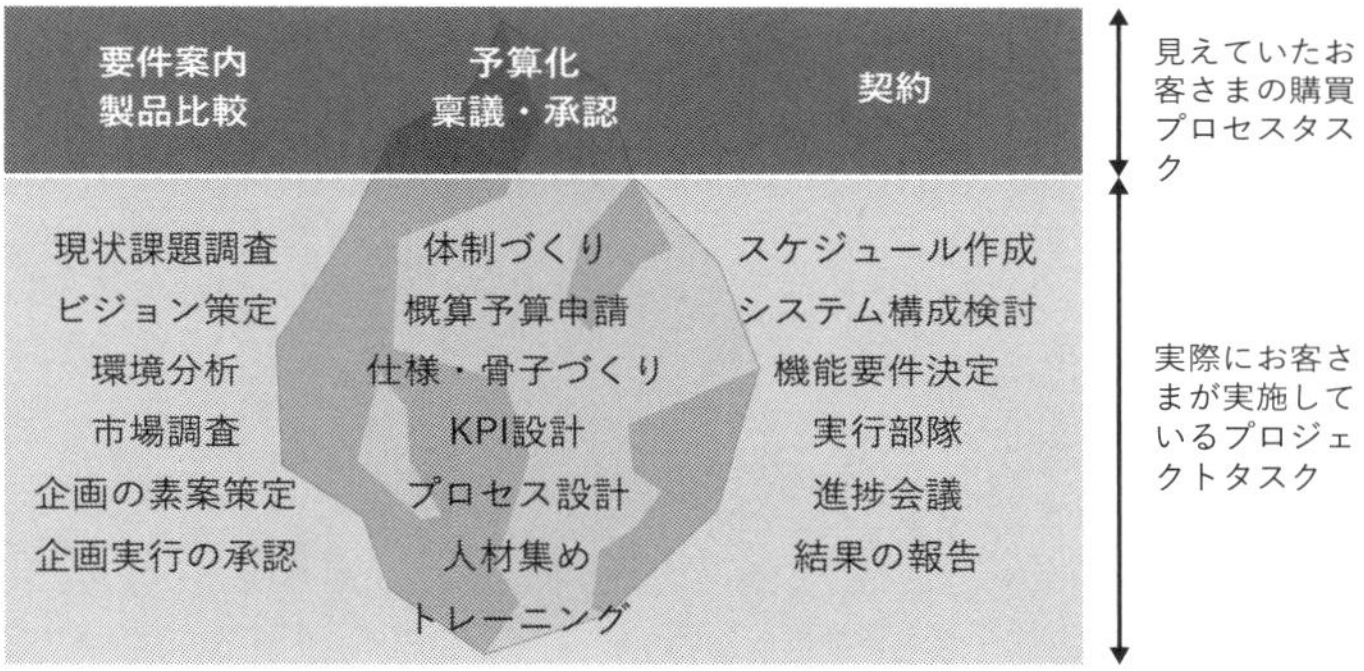

購買プロセスだけを見て営業活動をすると、お客さまのタスクは「案件案内」「製品比較」「予算化」「稟議・承認」「契約」といった具体的な手続きになってしまいます。しかし、お客さまにとって製品を購入することはゴールではなく、本来の目的である戦略を実現するための手段なのです。発注先が複数になることも多く、その戦略実行のためのプロジェクトタスクはたくさんあります。それが大きな投資領域であればあるほどお客さま側のプロジェクトタスクはますます増大します。

　このプロジェクトタスクを1つひとつ調整し、前に進めるのはお客さまにとっても大変なことです。大規模プロジェクトの場合は経験者がいなければ、進め方がわからず途中で止まってしまうことも珍しくありません。

図 5-2 | プロダクトセリングとプロジェクトセリングの比較

	プロダクトセリング	プロジェクトセリング
定義	製品やサービスの機能や利点に焦点を当てたセールス手法	企業や事業のプロジェクトのゴールやビジネス成果創出に焦点を当てたセールス手法
主な目的	製品やサービスの特徴や利点を強調して売り込む	プロジェクトのビジネスゴールを実現し、信頼を獲得することで次のプロジェクトへの通行証を獲得
使用する質問	製品の機能、性能、価格、競合製品との比較	プロジェクトのビジョン、ミッション、お客さまへの提供価値、将来の展望、課題
必要な資料や準備	製品の仕様書、デモンストレーション、お客さま事例	企業のビジョンやゴール文書、成功事例
販売スキル	製品知識、説明力、競合比較能力	プロジェクトマネジメント知識、リスク管理、製品知識
お客さまニーズへの対応	お客さまのニーズや要求に合わせた製品提案	お客さまのビジネスゴールやプロジェクト課題を理解し、プロジェクトを前に進める支援、提案

必要なタスクをお客さまと一緒に整理し、そのサポートのためのアクションを行いプロジェクトのゴールを意識しながら商談を進めていくのがプロジェクトセリングなのです。支援したプロジェクトの成功が認められれば、自社に対する信用が積み重なり、別の事業部への展開や他のプロジェクトの支援にも入りやすくなります。売り先や売り物が多いエンタープライズセールスには展開のハードルを下げて、プロジェクトのビジネス成果創出をゴールにした営業活動を行うプロジェクトセリングが求められます。

5-2 セールスフォース・ジャパンにおけるプロジェクトセリング例

弊社のサービスを例に、お客さま側のプロジェクトタスクを６つのステップに分けて整理しました。ここでは、大手企業が業務改革を検討・実施する場面を想定しています。

重要なポイントは、お客さまのプロジェクトタスクをもとにすることと、各フェーズで次のステップへ進むためにお客さまが目指す状態を明確にすることです。各フェーズでどのような状態をお客さまが達成すると次のフェーズに進めるのかを定義することで、具体的な支援策を現場やお客さまの状況に応じて柔軟に応用できるようになります。

▼各フェーズの例

図5－3の「ビジョン立案」は、プロジェクトがまだ生まれておらず、部門ごとに課題を抱えている状態です。プロジェクトがまだ開始前の状態であれば、お客さまも現場調査や環境分析などをして今自社の課題が何か？を検討している段階です。次のフェーズに進むためにお客さまが目指すのは、あるべき姿のイメージが描け、そのあるべき姿を達成したときに売上やコスト削減といった企業のゴール・KGIが達成できそうだと思える状態です。その際、営業は自社製品を売り込みに行くのではなく、業界やIT動向などの勉強会や、海外の最新事例を紹介したり、ビジョン策定のワークショップを一緒に実施したりすると喜ばれます。次に、「啓蒙仲間づくり」は、改革や取り組みが必要と考えるチャンピオン候補は存在しますが、部門や組織を超えた取り組みとしては認識、承認が得られていない状態です。その後の「企画構想策定」は、改革プロジェクトを進める機運が高まっているものの、会社として正式な承認は得られておらず、組織化もされていない状態です。「プロジェクト準備」は、プロジェクトが予算化され、開始

図5-3｜プロジェクトのビジネス成果創出までのプロジェクトタスクとセールスフォース・ジャパンの支援例

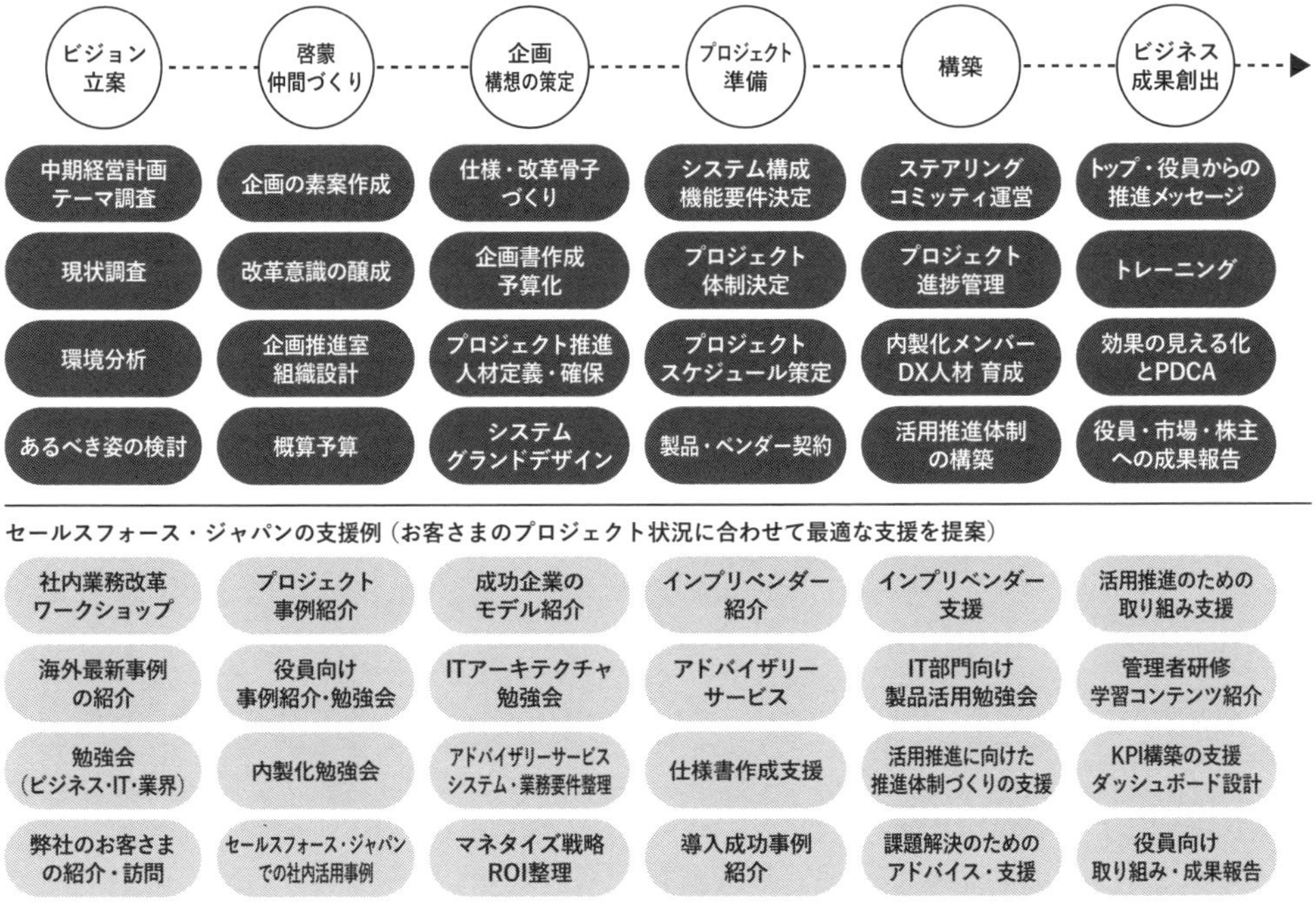

図 5-4 ｜ Listen（顧客理解）を行うメリット

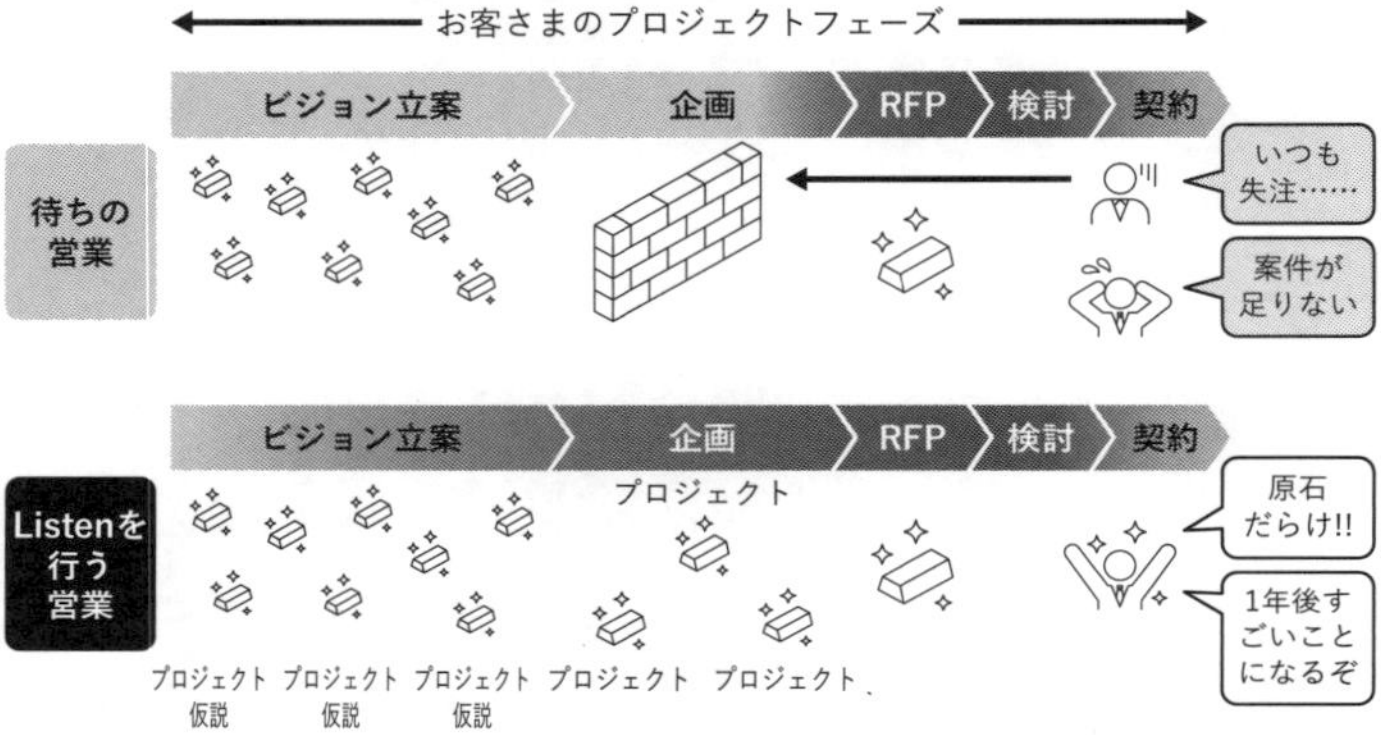

することが決まっていますが、体制やスケジュール、要件などが決まっていない状態です。続いて「構築」は、プロジェクトが実際に動き出した状態です。そして最後の「ビジネス成果創出」は、導入プロジェクトが完了し、ユーザーが実際に利用を開始した状態です。

▼プロジェクトセリングの効果

お客さまのプロジェクトのビジネス成果創出を支援すると、効果は絶大で、受注率が格段とあがります。

そのためには、お客さまの中期経営計画の戦略とその障害を理解し、その戦略実現のためのプロジェクト企画構想段階からあるべき姿を描き、要件整理をするお手伝いをし、自社への信頼を得る必要があります。その結果、大きな投資領域のプロジェクトの一員、唯一無二のパートナーとして認められることになり、結果としてＲＦＰが出る頃には競合を排除し、商談の受注率も比較にならないくらいあがることになるのです。

エンタープライズセールスでプロジェクトセリングができるようになると、今まで「まだ私たちの提案フェーズではない」と考えて除外していたお客さまの声が宝石の原石に見え、チャンスがたくさんあることに気づくでしょう。「どのように支援をすればお客さまとともにプロジェクトを前に進められるだろうか？」と、見込み客を待つ必要はありません。「大きな原石ばかりではないか」と思うようになるわけです。

5-3 プロジェクトセリングの設計方法

プロジェクトセリングを行いたいと考えたときに最初に実施するのは、自社の製品に関するプロジェクトを前に進めるためにお客さまが実施しなければならないタスクを整理することです。プロジェクトは1つのビジネス目標を達成するために組成されます。自社の製品が何をゴールに採用されるのかを紐解き、タスクレベルの目的ではない本当のゴールを見つけ出しましょう。

例えば、弊社の営業支援ツールであれば営業売上をあげるための業務改革プロジェクトですし、データ分析を行うようなＢＩツールであれば、可視化ではなく、可視化をした先の営業売上の向上やコスト削減かもしれません。自動車部品を販売している企業であれば、新車の開発プロジェクトや、新車の販売台数目標達成などが考えられます。

弊社でこのプロジェクトセリングのフェーズを作成した際は、お客さま側のタスクの洗い出しのために、エンタープライズセールスとして成果を継続してあげ続け、同じお客さまから追加受注を継続してもらえているトップ営業数名、さらには前職でコンサルタントとして改革プロジェクトを提案したり、プロジェクトメンバーとして活躍したりしていた社員に参加してもらい、お客さまのタスクを１００以上書き出し、整理をしました。

プロジェクトのプロセスを設計するには図５－５の手順を踏みます。

このようなプロジェクト支援では、規模の大きい商談の作成件数を増やし、プロジェクトのビジネス成果をいち早く実現することを目指すため、商談期間を大幅に短縮する効果もあります。

大事なことはお客さまのプロジェクトのゴールを見極めることと、そのゴールであるビジネス成果を出すための支援タスクがもれていないかを見直すことです。

弊社がよく支援を行う営業改革プロジェクトでは、システム構築が終わり営業部門でSFAシステムを利用し始めた際に営業の売上があがるというビジネス成果をゴールにします。この売上というビジネス成果を実現するためには、プロジェクト準備の段階から営業プロセス・KPI定義、そして定着・活用を促す運用ルール決めなどの支援タスクを進めておく必要があります。後から定義・変更するとなると成果を出すまでの期間が大幅に遅れてしまうため、どのタイミングで支援タスクを進める必要があるのかも、製品・サービスのプロとして定義をしておきましょう。

こうして見ると購買プロセスしか考えていなかったときには気づかなかったプロジェクト成果実現のためのタスクがたくさん見えてくることでしょう。支援の方法は全てを営業個人で実施する必要はありません。技術部門や関連部門と組織として有償・無償含めたプロジェクトセリングのための支援策の優先順位を検討し、準備します。**何より、お客さまの課題とプロジェクトに寄り添い、一緒に悩むというスタンスが大事なのです。**

Step 3 各プロジェクトフェーズで目指す状態の定義

プロジェクトを次のフェーズに進める支援策を検討するために、各フェーズで目指すゴールの状態を以下の点を考えながら定義する

・どんな状態になれば次のフェーズに進めるのか？
・次のフェーズ移行で問題が起きないか？

これはStep4で目指す状態をクリアして次のプロジェクトフェーズにプロジェクトを進めるための支援策を検討するために行う

Step 4 プロジェクト支援タスクの定義

お客さまのプロジェクトタスクを前に進め、各フェーズで目指すの状態にするための支援策を洗い出す。すでにあるものだけでなく、このような支援ができればよいというような案も合わせて書き出すことが重要

特に、以下のケースが見られる組織では、その支援策を新たに検討作成することも成果を出すうえで有効となる

・支援策がなく、そこでプロジェクトが止まってしまい立ち消えることが多い
・後ろのフェーズに悪影響が出るなど、プロジェクトの実行後ビジネス成果を実現できないプロセスが判明した

ポイント

Step1で決めた各プロジェクトフェーズの名称は、Step3の目指す状態の定義に合わせた名称に変えることも非常に有効。

例えば弊社の場合は、プロジェクトフェーズで目指す状態を議論している過程で「プロジェクトチームの編成」という名称を「啓蒙仲間づくり」に変更した。これは単に組織メンバーを決めるというだけでなく、目指す状態である「改革を進めることでビジネスゴールが達成できると信じるチャンピオンとその賛同者がいる」までを達成しないと、次の企画・構想を進める強い推進力がなくなり、プロジェクトが進まなくなることが多いという課題感を反映したもの。トップ営業たちが行っているプロジェクトチーム編成が単なる名簿集めではなく、チャンピオン育成や仲間づくりであるという気づきから変更を行った。

図 5-5 ｜ プロジェクトセリングのフェーズ設計手順

Step 1 各プロジェクトフェーズの定義

プロジェクトのフェーズを数段階のプロセスに分けて定義する
Step2のプロジェクトタスクを洗い出した後に（特にタスクが多いようなプロセスは）詳細に定義しなくても問題ありません

業務改革プロジェクトフェーズの例：
- 目標設定とあるべき姿の定義
- プロジェクトチームの編成
- 現状分析と要件定義
- 改革計画の策定
- 実行とモニタリング
- 成果の評価と継続改善

製品開発プロジェクトの例：
- 市場調査とニーズの把握
- コンセプト決定
- プロトタイプの開発とテスト
- 製品仕様の確定と製造計画の策定
- 製品の量産と販売
- 市場でのフィードバックと改善

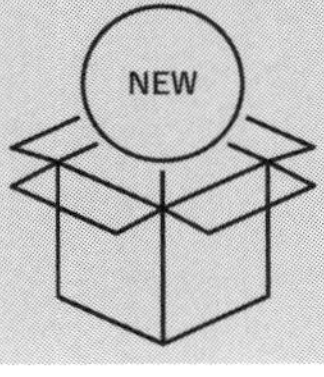

Step 2 お客さまのプロジェクトタスク洗い出し

プロジェクトを立ち上げるところから成果を出すまでお客さまが実施しなければいけないタスクを洗い出す
ここではどうしても自社のタスクが出てきてしまうため、目線をお客さまに移して注意して分類する

・出てきたタスクはお客さまの作業か？
・そのタスクの裏でお客さまが実施していることはないか？

大企業の同じお客さまから信頼を得て継続的に成果を出している営業の中にはこのプロジェクトの企画から成果を出すところまで支援している方がいるはず。そういった営業からヒアリングをすることも1つの方法。他には、お客さまへのヒアリングや、ビザスクのような特定の業種・業界・職種の担当者とマッチングするサービスを利用してヒアリングするのも有効

第6章 エンタープライズセールスが目指すカスタマーサクセス

6-1 活用定着の先のビジネス成果創出を見据えたカスタマーサクセス

一般的にサブスクリプションビジネスの世界では、カスタマーサクセス部門が行う活用支援は契約後から始まり、解約を防止し契約継続を促すというような意味合いで語られることが多いと思います。しかし、エンタープライズセールスにおいては、活用支援は単なる解約防止や契約継続以上の意味があります。

5-1でもお話しした通り、エンタープライズセールスとして成功する最大の鍵は、自社が支援したお客さまがプロジェクトを成功させることです。その支援の結果、自社への信頼からお客さまからさまざまな相談を受け、次のビジネスやプロジェクトにつながるようになります。

つまり支援したプロジェクトの成功の結果、ビジネスパートナーとして認められると次のプロジェクトの相談が自然と増えていく状態です。逆に言えば、過去のプロジェクトが十分に成功していないと横展開や新しい提案をしても「X事業部で結果が出たらね」「X事業部でも使いこなせないのに、無理ですよ」といったように、過去の自社プロジェクトの評価が商談の最大のストッパーになることも珍しくありません。

ですから1つのプロジェクトを必ず成功させる。これはエンタープライズセールスの命題になります。

6-2 活用を妨げる6つの不在

弊社の場合、クラウドサービスを使った業務改革の提案をしています。その活用支援を考える際、業務改革におけるシステム刷新の成功に不可欠な6つの要素を抜き出して「活用を妨げる6つの不在」と定義しています。裏を返せばこの不在をなくすことがで

図 6-1 ｜ 活用を妨げる 6 つの不在

	6つの「不在」	典型的な状況
❶	「目的」の不在	プロジェクトの目的・メリットの各階層（役員・マネジメント・現場）への理解が行き届いていない
❷	「KPI」の不在	プロジェクトのビジネス成果を創出するための、具体的なKPIが設定されておらず、改善することができない
❸	「機能」の不在	・業務に必要な機能が備わっていないので、やりたいことができない ・あるいは手間がかかり定着を阻害している
❹	「体制」の不在	・活用を推進し、ビジネス成果を創出するための支援体制が整っていない ・推進者がPDCAのための役員・マネジメント層の支援が得られない
❺	「運用ルール」の不在	入力・更新・確認といったビジネス成果創出の行動変容とそのPDCAに欠かせない運用ルールが定義・実行されていない
❻	「トレーニング」の不在	現場に利用方法を理解・定着、そしてビジネス成果創出のための行動変容を促すトレーニングが行われていない

きれば、業務改革は成功する確率が高いということなので、この不在をなくす支援がビジネス成果創出においてすべきことといえます。

▼1. 目的の不在

プロジェクトの目的・メリットの理解が各階層（役員・マネジメント・現場）へ行き届いていない状態です。

新しいことを始めるとき必ずといってよいほど、「これは何のためにやるんですか？ 意味があるんですか？」と目的が理解されていないと反発が生じます。

例えば、トップダウンで営業売上アップのためにSFAシステムの利用を通達したとし

図 6-2 ｜ ①目的の不在　チェックポイントの例

目的の設定
- プロジェクトゴール（ビジネス価値）が定量的に設定されている
- 経営レベルのビジネス戦略とプロジェクトのゴールがリンクしている
- プロジェクトの目的が端的にわかりやすい言葉に変換できている

目的の共有
- プロジェクトゴールが経営層に認識されている
- プロジェクトゴールがプロジェクトメンバーと共有できている
- 導入時のユーザートレーニングで役員から目的の説明を行っている
- 導入中に定期的にプロジェクトゴールに立ち返っている

ても、目的やメリットを理解していないと何のためかわからないまま入力だけをするツールとなり、データが活用されないなどビジネス成果創出に影響が出ます。プロジェクトの目的が決まっていなければ、プロジェクトをやる意味がないともいえ、この後の「ＫＰＩ」「機能」に続く全ての不在を解消することができない、最も注意したい不在です。

▼2. KPIの不在

戦略やプロジェクトのゴールは決められていても、ビジネス成果を創出するプロセスや行動にどのような変化を起こせれば、ビジネス成果を創出できるのかというＫＰＩが設定されておらず、ＰＤＣＡが実施できないため、改善しない状態です。

ＫＰＩはプロジェクトの目的、プロジェクトのゴー

図 6-3 ｜ ② KPI の不在　チェックポイントの例

KPIの設定

- 成功の定義を決めている（データの蓄積・行動の変化・ビジネス効果）
- 成功の定義を数値化している（データの蓄積・行動の変化・ビジネス効果）
- 数値化できない定性項目はアンケートで取っている
- 成功の定義をプロジェクトメンバーで議論する場を持ったか
- 成功の定義をプロジェクトメンバーで最終合意する場を持ったか
- 成功の定義を役員に合意する場を持ったか
- KPIの数値目標を月別に決めている
- KPIを計測するダッシュボードを作成している

ルを達成するために必要なプロセスが実行できているかをチェックするための指標です。

ＫＰＩができたら、ＰＤＣＡを継続的に行い、ビジネス成果創出のためのプロセスや行動変容が現場で行われていることを確認し、実践できていなければ運用ルールや機能の不在を解消し、行動変容を促し、ＫＰＩの変化を確認していくことが必要です。

弊社ではこのビジネス成果創出のためのＫＰＩを「サクセスマップ」というフレームワークを使って策定する支援を行っています。プロジェクトのゴールから戦略、それを実現する行動レベルのプロセスＫＰＩを策定します。

この行動レベルのプロセスＫＰＩを策定した際に、ぜひ、今なぜその行動が実施できないのかという行動の阻害要因を考えるとよいでしょう。この阻害要因をこの後に解説する「機能」「運用ルール」という２つの

図 6-4 ｜ KPI 策定のフレームワーク「サクセスマップ」

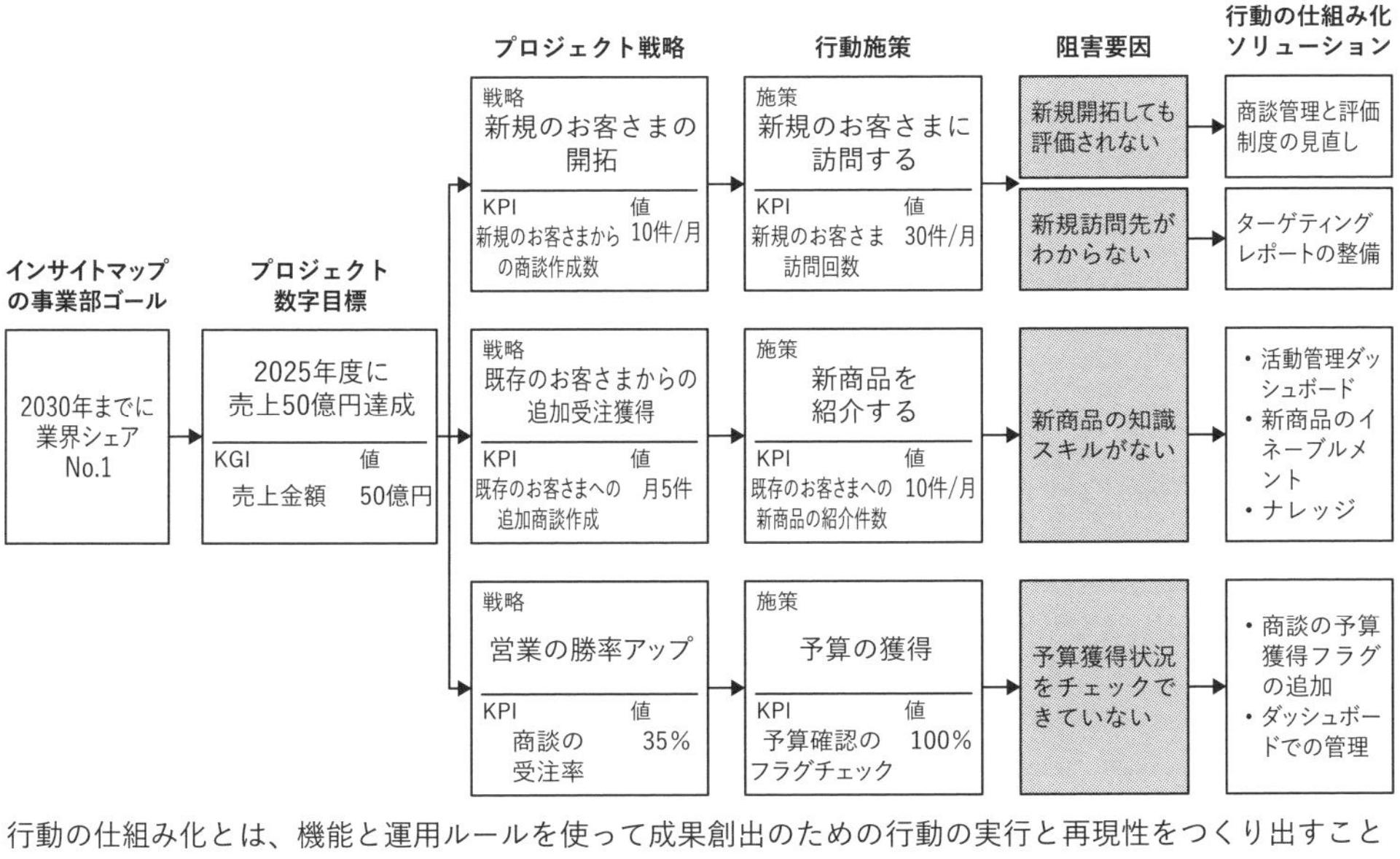

不在を解決することで行動を仕組み化し、行動変容を定着させることができます。

▼3．機能の不在

業務に必要な機能が備わっていないので、やりたいことができない状態です。

お客さまや外部の人とのやり取りをするような業務はビジネス環境によって変化していくので100点満点の機能を実現するのは限界があります。なので40点、50点でまず使い始めてもよいのですが、使い始めたら特に要望の多い不便はすぐに改善したり、機能を追加したりすることが大事です。

使いづらさや機能に問題があると現場の利用者が離れていき気づいたら現場はスプレッドシートで二重に入力して業務を管理していたなんてことが起きます。

弊社のサービスでお客さまのプロジェクトで注意を払っている機能の不在例を図6－5で紹介しますので、皆さまの商材であればどんなことが利用・活用の妨げになりやすいか検討するのに役立てていただければと思います。

機能の不在を解決するということは、「2．KPIの不在」で説明した行動の阻害要因を洗い出し、その阻害要因を取り除くように機能を検討するということなのです。

図 6-5 ｜ ③よくある機能の不在の例

- **現行業務の再現**
  ビジネスゴール達成のためのKPIから逆算をして機能を考えず、現行の業務をそのまま再現する形での機能の実現をしてしまっている
- **会議で使えない**
  見た目重視の画面やグラフを用意してしまい、ビジネスゴール達成のための会議のディスカッションで使うことができない
- **入力、更新できない**
  入力項目を一生懸命検討し、そのまま実装した結果、入力項目が数十を超えたり、1つひとつ手作業の膨大な入力作業が必要になっている
  ビジネス成果創出に必要な入力項目の精査と、選択入力やモバイル利用のような現場が楽に入力徹底できる機能が考えられていない
- **行動につながる機能がない**
  目標達成のためのKPIを決めて可視化まではできているが、KPIを達成する行動を阻害する要因をつぶす機能が実装されていない
  例：新規お客さまを開拓する目標がセットされていて新規お客さまの訪問件数がKPIにセットされていたとする。そのときに新規お客さま訪問を阻害する要因を調べ、例えばどこに訪問したらよいのかわからないのであれば、ターゲットとなるお客さまや部門の情報を可視化する機能を用意するなどの解決策が考えられる

▼4．体制の不在

活用を推進し、ビジネス成果創出のための支援体制が準備されていない状態です。システムを導入するためのインプリ体制は考えられていても、システム導入が終了し、現場での利用が始まってからPDCAを回していくための役員・経営層を含めた活用推進体制が準備されていないケースはよくあることです。ビジネス成果を創出というプロジェクト全体のゴールを考えると、システム導入が終わり利用が始まる前から、利用開始

後の活用・定着・ビジネス成果創出を進めるための支援体制を考えておく必要があります。

弊社の場合、ビジネス成果創出に必要な次の役割を準備しもらうよう定義、推奨しています。いずれも利用開始後にビジネス状況の変化や現場に合わせて継続的にPDCAを回し、ビジネス成果を創出する運用とシステムにアップデートしていくために必要な役割であって、これらの役割は兼任する場合もあります。

■ 活用推進体制の例

・プロジェクト責任者

プロジェクトの最終意思決定者でプロジェクト成果に責任を持つ役員です。エグゼクティブスポンサーという呼び方をする場合もあります。

・プロジェクトリーダー

プロジェクトの進捗に責任を持ち、スケジュールや各タスクの進捗を管理し、体制やルールづくり、プロジェクト責任者への進捗報告を行います。ある程度の役職者であることが多いです。

・**各部門／課の推進者**

各部門／各課の現場要望を吸いあげる部門長～課長クラスの方々です。自分たちの利用しているシステムについて現場の意見を取りまとめ、プロジェクトのゴールであるビジネス成果を出すことができる運用やシステムに改善していくことに責任を持ちます。

・**システム管理者**

現場からの要望をもとにセールスフォース機能の項目やオブジェクトを追加設定したりします。

・**IT部門**

IT部門は主にセールスフォース機能と他システムとの連携などを担当します。

・**各部門／各課のリーダー**

大手企業の大規模プロジェクトになると各部門／各課、各支店、拠点含め何十、何百というチームが利用しますので、現場の意見をプロジェクトにフィードバックしたり、

図 6-6 | プロジェクト活用推進体制の例

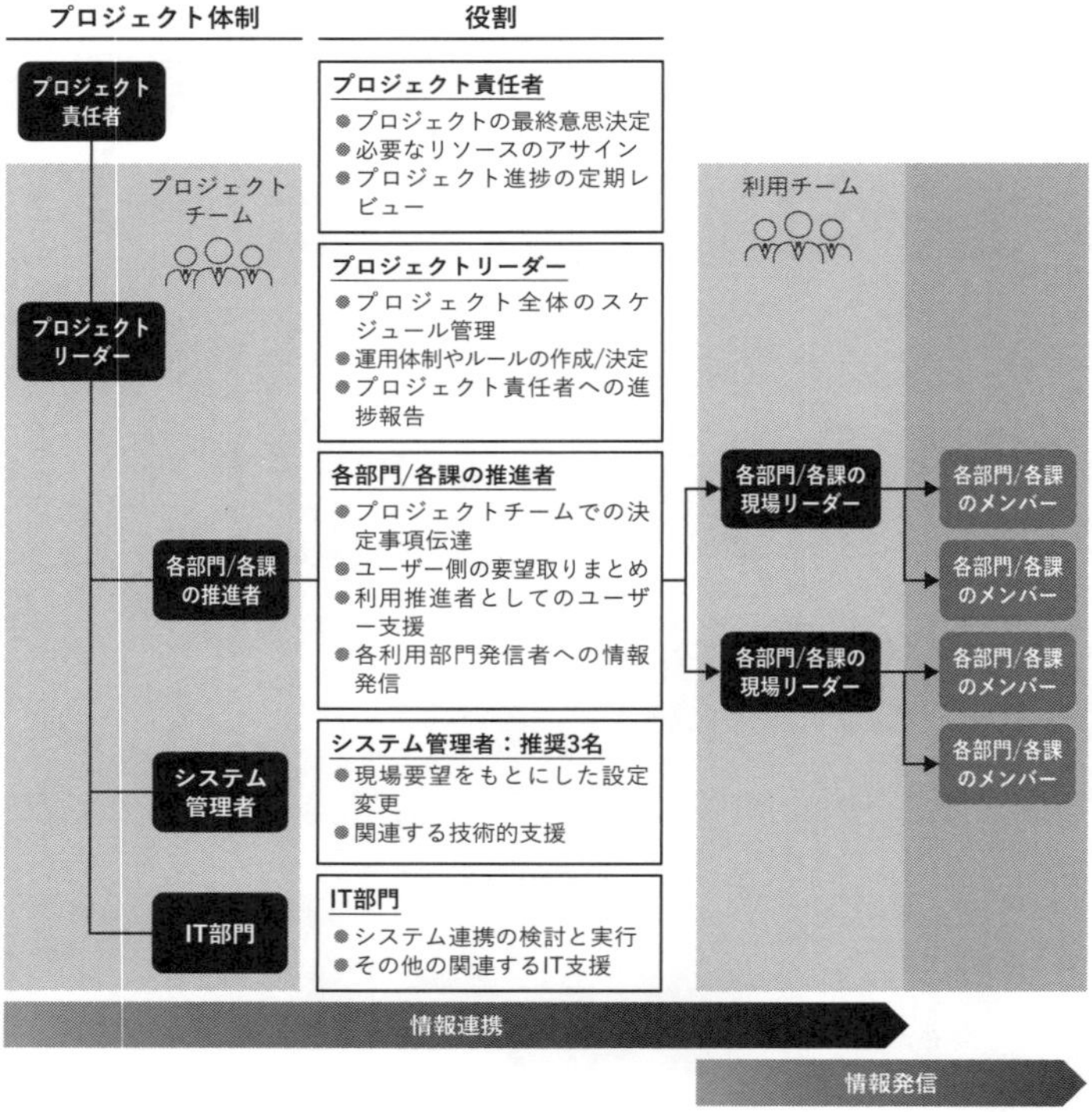

図6-7 ｜ ④体制の不在　チェックポイントの例

体制づくり
- プロジェクト責任者を決めている
- 意思決定のプロセスを決めている
- プロジェクトリーダーを決めている
- 現場リーダーを決めている
- システム管理者を決めている
- システム管理者に管理者トレーニングを受けさせている

活用/ビジネス成果創出
- 支店ごとの責任者にプロジェクトの目的を伝えている
- 推進リーダーに仕事の説明をしている
- 導入後のQA対応のルールを決めている
- システム改修のSLA(Service Level Agreement：サービス品質保証契約)を決めている
- プロジェクトチームとの定例会のルールを決めている
- 支店との定例会のルールを決めている

プロジェクトの決定事項をチームのメンバーに伝える責任を持ちます。現場での活用を率先して行い、周囲の人を時には啓蒙しながらビジネス成果創出をけん引します。

製品・サービスを利用開始した後も、現場のビジネス環境は変化します。「ＫＰＩの不在」の項でも記載したように、現場の行動変容によりビジネスのＫＰＩに変化が表れなれば、当初計画していた運用や機能を見直す必要が生じます。ビジネス成果創出をゴールに改善を続けなければ、現場は新しいシステムや運用を行わなくなってしまいます。そのため、活用推進体制を継続的に運営し、現場の意見を反映していくことで、早期に効果を実感し、さらにビジネス成果の向上を可能にするのです。

▼5．運用ルールの不在

入力・更新・確認、3つのルールを運用ルールと呼んで定義します。

運用ルールはビジネス成果創出のKPI達成の行動変容を促すためのものです。例えば、社長や部門長が「新しいシステムを導入したから使いなさい」と命令しても、マネージャーへの報告はこれまで通りスライドやスプレッドシートを使っていると現場には定着しません。

▼6．トレーニングの不在

ビジネス成果を出すための活用・定着を考えたとき、このトレーニングには2種類あります。

1つは**利用方法を覚えるためのトレーニング**です。一般的にシステム利用開始時にトレーニングというとこれを思い浮かべると思いますが、商談の入力方法や更新方法で

図 6-8 ｜ 運用ルールの例

入力ルール	更新ルール	確認ルール
● どんなタイミングで商談や活動などのレコードを更新するのか？ ● どの項目が重要で必須入力項目か？ ● 入力値の基準は決まっているか？	● どのようなタイミングでレコードを更新するのか？	● 入力・更新されたレコードをいつマネージャーが確認するか？（日次、週次、月次） ● どのダッシュボードやレポート、会議体でチェックをするのか？

図 6-9 ｜ ⑤運用ルールの不在　チェックポイント

● **運用ルールの設定**
- 運用ルールのパターンを洗い出せている
- 入力に必要な画面設定・モバイル設定ができている
- 更新に必要なView・モバイル設定ができている
- 参照に必要なView・レポート・ダッシュボードができている
- どの会議で利用するか決まっている
- 削減する資料が決まっている
- 上記のルールを経営層まで含めて合意できている
- 運用ルールが守られているかを計測できる仕組み・体制がある

図 6-10 | ⑥トレーニングの不在　チェックポイント

- **利用方法を覚えるためのトレーニング**
  - リリースタイミングが決まっている
  - 経営層からのメッセージスライドを用意している
  - プロジェクトの目的・スケジュール・運用ルールが入っている
  - 入力・編集・参照の運用ルールとリンクしている
  - 未ログインの人に個別フォローしている
  - 写真の登録が済んでいる
  - 利用率が低い部署に個別トレーニングを実施している
- **ビジネス成果を創出するための活用トレーニング**
  - 活用トレーニングの内容と実施タイミングを決めている
  - マネージャー向けのダッシュボードトレーニングを実施している
  - 現場向けのレポート作成トレーニングを実施している

「商談の入力時には商談タブをクリックして、新規作成ボタンを押して、最初に商談名項目に入力します……」といった利用方法を利用マニュアルのように統一して、現場が使えるようにするためのトレーニングです。

これは入力開始期の最初の1か月~3か月は注力して実施します。

もう1つは**ビジネス成果を創出するための活用トレーニング**です。こちらは例えばデータ活用したマネジメント方法のトレーニングなどです。入力データがある程度蓄積される3か月目以降、特に重要になってくるものです。結局データの入力は行っているけれどそのデータを使ってマネージャーがチェックしたり、アドバイスをしていないとか、新規訪問のためのターゲティングリスト作成づくりに使っていない、あるいは自分自身で入力した活動記録や商談情報を集計して振り返っていなければ、現場の行動変容は生まれません。

システムの入力をいくら定着させても、行動が変わらなければビジネス成果は生まれないのです。データを活用して、現場の行動変容・数値の向上・マネジメントの指示やレビューの仕方に変化を生み出すためのＫＰＩ指標づくりと、それを可視化してチェックできるようになることを、ビジネス成果を創出するための活用トレーニングでは支援します。現場のマネジメント層などのキーマンへ注力をして根気よくトレーニングを実施していく必要がありますが、一部の課や拠点でビジネス成果に直結する行動の変容が生まれてきたら事例共有の形で、新しいマネジメントのやり方を紹介し合うなども有効です。

6-3 活用支援における営業の行動

エンタープライズセールスにおける活用支援は、２－１で記載した営業プロセスの中で一貫してプロジェクトのビジネス成果を意識してプロジェクト支援を進めるということと同義です。

活用支援における営業の行動として特に意識したいのが次の3つです。

- プロジェクトのビジネス成果創出
- ビジネス成果の報告
- 利用ユースケースを広げる

それぞれについて解説していきたいと思います。

■ 事務局定例によるプロジェクトの進捗確認

プロジェクトが進み、プロジェクト計画やカスタマイズ製品の要件の定義が始まると、プロジェクト責任者以外にも関連部門やパートナー会社などさまざまなプロジェクトメンバーが参画し始めます。そうすると、実際に製品の利用ユーザーとなる現場からもさまざまな要望、要件が多く出てきます。

そういった要件やスケジュールの調整の際、営業はプロジェクトのゴールを常に見失わないよう、プロジェクト事務局と定例を行い、プロジェクト進捗、ビジネス成果創出に滞りがないよう必要なサポートをします。

プロジェクトのゴールであるビジネス成果創出につながるかどうかを常に意識し、時には良きアドバイザーとなるよう心がけます。

■ プロジェクト事務局との定例アジェンダ

・プロジェクト進捗報告（目標・進捗・課題）
・ビジネス成果創出状況の報告（目標・進捗・課題）

プロジェクト初期からチャンピオンとなるべき方を支援し、プロジェクト開始後も事務局と定例を行うことで、営業はお客さまのプロジェクトやビジネスゴール、役員の興味関心を最も理解できるようになります。営業はプロジェクトの目的・進捗・課題をアカウントチームや技術、カスタマーサクセスの部隊やスペシャリストと連携し、活用の課題を解決するアイデアや支援策を出し合い、実行に向けた旗振り、リードを行います。

図 6-11 ｜ 役員へのプロジェクト報告 良い例・悪い例

良い例

- プロジェクトのビジネス成果を報告
- 現状の課題とそのPDCAを報告
- プロジェクトチャンピオンとメンバーの貢献を報告
- 今後の展望を報告

悪い例

- 製品の利用開始がゴール
- 製品の利用状況だけ……

	利用人数	用途	データ登録件数
A部門	50	案件・計画管理	2500件
B部門	100	顧客管理	5000件
C工場	10	設計開発プロセス管理	180件

■ 役員へのビジネス成果報告

いよいよ製品やサービスを納め、利用を開始したら、プロジェクトのビジネス成果のお礼と報告をプロジェクトの最終決裁者であった役員に行う場を設けます。

プロジェクトの決定、承認を行った役員は、プロジェクトに対する責任と成果を意識していますので、アポイントを承諾してもらえる可能性が高いですし、契約時からご報告の約束をしておくことも責任感のある姿勢として大事です。

プロジェクトを進めた結果、得られたビジネス成果や成功を役員に報告することで信頼につながり、対会社としてのお付き合いにつながっていきます。この信頼関係が、現在のビジネス課題や次の取り組みの相談という今後のプロジェクトへの通行証になるからです。

また、ビジネス成果創出を役員に知ってもらうことでプロジェクトの評判が他部門にも伝わり、別の事業部でのビジネスにつながっていく可能性があります。

この場での役員への報告内容は、プロジェクトの目的とゴールから始め、そのゴールとして定めていたビジネス成果に対して数字進捗がどれくらいあるのか？　そして現状の課題とアクションプラン、今後の展望を報告します。

どれだけ製品が利用されたかや、何人が利用したかといった情報をまとめて報告しているケースがありますが、あくまでも自社の製品サービスの利用状況の進捗は、ビジネス成果を創出ための1つのステップでしかありません。

ビジネス成果創出の課題が利用・定着なのであれば改善アクションを検討し、それを報告すべきですが、お客さまにとっては利用・定着はビジネス成果創出のための1つの過程でしかないので、それだけにならないよう気をつけなければなりません。

■ 利用ユースケースの拡大

プロジェクト事務局との定例では、プロジェクトの進捗やビジネス成果創出の進捗というプロジェクト企画の構想時に決めたことに対する進捗や、ＰＤＣＡが主な議題となります。ＰＤＣＡの結果、利用が進み始めたり、ビジネス成果も出始めるとプロジェクト企画の構想時には「まだ先の話だね」と言っていた、次の展開への取り組みが必要になってきたり、当初想定していなかった新たなニーズが出てくることもあります。

プロジェクト事務局との定例では、こういったフィードバックやプロジェクトの進捗を意識してキャッチすると同時に、プロジェクトメンバーに新たな機能、サービスや他社での事例などのユースケースを広げるための勉強会や事例説明などを実施していくことで、よりうまく活用し、ビジネス成果創出につなげてもらえる可能性が高まります。また、これまで解決できなかった新たな課題のニーズや取り組みにつながる可能性が出てきます。こういった活動を続けることで社内に自社の製品やサービスの専門家やチャンピオンが生まれ、ユースケース拡大が自走し始めるケースもあります。

このように売り先・売り物が多いエンタープライズセールスにおいて利用開始後のユースケース拡大につなげる支援は、ビジネス成果を早期に実現する効果だけでなく、新たなプロジェクトを生み出す可能性につながる大事な取り組みなのです。

第7章 長期的なパートナーシップを構築する役員向け施策

7-1 役員向け施策の年間計画

ここでは、役員がお客さまの役員に訪問する役員訪問と、役員向けのイベントの事例勉強会といった施策の両方を併せて役員向け施策として解説します。

役員訪問を実施するように指示している会社もあるかと思いますが、役員訪問をしたからといって、当日に突然、案件化したり、「ちょうどお願いしたいと思っていたプロジェクトがあるんだよ」なんてことはめったにありません。エンタープライズセールスでは、プロジェクトを企画し、進めるだけでも多くの役員や意思決定者が関係してきますので、いくら役員であっても「この場で発注しますよ」と約束することなどはないので、これは当然のことです。

しかし、大手企業への役員訪問では、役員同士の会話や役員向けイベントでこれからの戦略のゴールに貢献できると思ってもらえれば、そこからお客さまのキーマンの役員につないでもらえるかもしれませんし、そのような目覚ましい動きがなくても、予算化の稟議申請の際に積極的に反対される可能性が減るかもしれません。

大手企業ほど重要な戦略やそれに絡む発注には合議で物事が決まっていくからこそ、担当者間の合意だけではなく、役員同士の合意を得て、「会社対会社」と「多対多」の信頼関係の構築を目指すことがエンタープライズセールスにおいては重要です。会社の各階層でつながり、役員同士の会話が行えるようになることで「会社対会社」というレベルでお客さまとのパートナーシップにコミットしますという意思表示につながるのです。

7-2 プロジェクトフェーズをもとに役員向け施策の年間計画を行う

役員訪問の年間計画はアカウントプランと一緒に作成します。これは3つのマップから作成したプロジェクト仮説をプロジェクト化するために、どの役員にアプローチをして信頼関係を構築するべきか？誰にまだ訪問できていないのか？誰にプロジェクト成果を報告すべきか？を考えるためです。アカウントプランで見つけた兆しをプロジェクト化していくために、誰といつごろ会ってどのような役員向け施策で信頼関係の構築をしていくとよいのかを考えます。

年間計画に必要な要素

・役員（役職、職掌する事業部・役割、インサイトマップのどのプロジェクト仮説に関係するか？）
・自社の担当役員（誰が挨拶をするのか？）
・タイミング
・役員向け施策

役員訪問や役員向けのイベントなどを含む施策は、このように計画して声をかけることでアカウントプランに合わせた訪問が可能となり、より効果を発揮することが可能になります。

図 7-1 ｜ 役員向け施策の年間計画例

3つの矢の戦略を踏まえて、誰と誰がいつどのような目的で会うのかを計画する
イベントも活用すると効果的

お客さま役員	自社の担当役員	プロジェクト仮説	Feb	Mar	Apr	May	Jun	Jul	Aug	Sept	Oct	Nov	Dec	Jan
○○社長	○○社長								海外イベント			年末年始挨拶		
○○専務	○○専務	営業改革			箱根				海外イベント			年末年始挨拶		
○○専務	○○専務	アフターサービス改革	訪問			国内イベント				海外イベント報告		年末年始挨拶		
○○執行役員	○○役員	3本の矢					SWTT報告			役員向けイベント		年末年始挨拶		
○○執行役員	○○役員	営業改革		役員向けイベント		国内イベント					訪問	年末年始挨拶		
○○執行役員	○○役員				PM来日				海外イベント			年末年始挨拶		
○○執行役員	○○役員	アフターサービス改革	訪問					A製品イベント				年末年始挨拶		

役員訪問や役員向け施策の目的は新しいプロジェクトの提案です。先述した通り、役員訪問の直後に案件化することはないのですが、役員向け施策はプロジェクトフェーズを前に進める効果があります。プロジェクトのフェーズごとに役員向け施策がどのように役立つのかを５－２で解説したフェーズを参考に説明します。

■ プロジェクトのビジョン立案・啓蒙仲間づくりの段階

まだこの段階ではお客さま自身も自社の課題において明確な答えを持っていないので、他社事例とプロジェクト仮説をストレートに伝えると役員の興味関心を引くことができます。

「まだ自社のことを知ってもらっていないし、役員とお会いするのも初めてだからまずは会社紹介をしてヒアリングをしよう」と思う営業が多数います。しかしそれは間違いです。役員は毎日何件という報告を部下から受けており、外部業者からも提案を受けております。そのような中、一度も会ったことのない業者に対して優しく自社のことを教える時間はありません。勇気が出ないかもしれませんが、「御社に提案したいことがございまして……」とプロジェクト仮説を持っていきましょう。役員は儲《もう》かる話が好きです。自社にとって有益だと判断すれば、そのプロジェクトを推進する担当者につないでもらえる可能性があります。また、プロジェクト化の重要性を理解してもらえれば、プロジェクトの強力なスポンサーとなる可能性もあります。

■ プロジェクトの準備や構築中などプロジェクト化がすでにできている段階

この段階では2パターンが考えられます。

まず前段のプロジェクト仮説を伝えるタイミングで役員が知っていたか否かです。プロジェクト仮説を知っていたのであれば、定期的な進捗報告という形で報告にあがることが喜ばれます。自身が指示をしたプロジェクトがうまく行っているのか、効果がいつ出るのか、今後のスケジュールを伝えることで安心感を持ってもらうことができ、また今後本格的にプロジェクトを進めるうえでのアドバイスをもらうこともできます。

逆に現場レベルでプロジェクトを開始し、役員が知らない場合は、下ネゴという位置づけでプロジェクト仮説を一から説明する場を設けるとよいでしょう。その際に現場の方から「役員に伝えるなんてまだ煮詰まってもいないので早いですよ」と止められることもあります。ただ、現場の方も大きいプロジェクトを任される経験が乏しい場合もあるので、その言葉を鵜呑みにしてはいけません。役員はサプライズを嫌いますので、自分が報告を受けていないプロジェクトを1回で承認するという確率はかなり低いです。

図 7-2 | プロジェクトフェーズごとの役員向け施策例

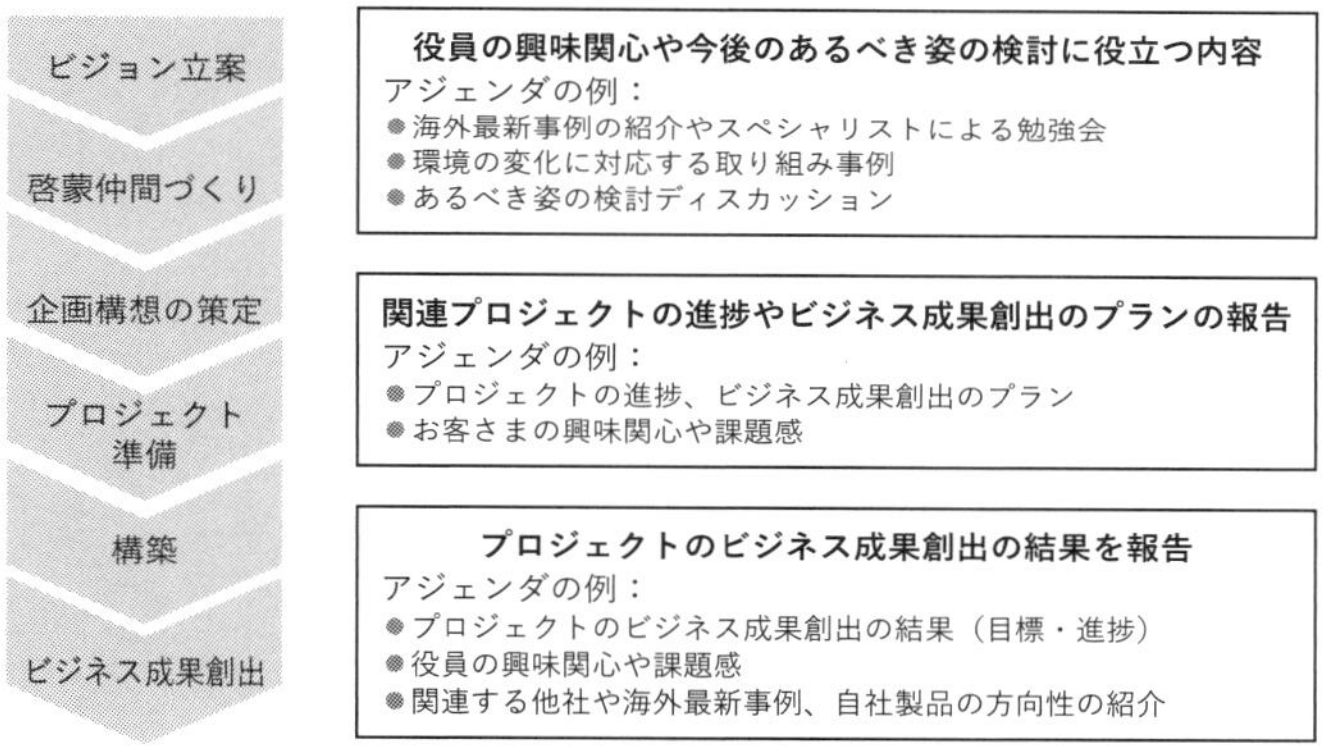
ビジョン立案
啓蒙仲間づくり
企画構想の策定
プロジェクト準備
構築
ビジネス成果創出
役員の興味関心や今後のあるべき姿の検討に役立つ内容
アジェンダの例：
●海外最新事例の紹介やスペシャリストによる勉強会
●環境の変化に対応する取り組み事例
●あるべき姿の検討ディスカッション
関連プロジェクトの進捗やビジネス成果創出のプランの報告
アジェンダの例：
●プロジェクトの進捗、ビジネス成果創出のプラン
●お客さまの興味関心や課題感
プロジェクトのビジネス成果創出の結果を報告
アジェンダの例：
●プロジェクトのビジネス成果創出の結果（目標・進捗）
●役員の興味関心や課題感
●関連する他社や海外最新事例、自社製品の方向性の紹介

何回か「こういうプロジェクトを検討していまして……」と報告することが大切であり、自社の営業が会えない場合はお客さま側から役員に報告することが求められます。

■製品の利用が始まりプロジェクト成果を報告する段階

製品の利用が始まり、ビジネス成果創出のステップに進んだらプロジェクトのビジネス成果創出の結果を役員に報告します。ここまでのプロジェクト化からプロジェクト準備期間中の支援、サポートに感謝を伝え、プロジェクトメンバーの貢献をたたえます。プロジェクトの成果は製品の利用の報告ではなく、プロジェクト企画時に目指したゴールであるビジネス成果にどのように貢献しているのかの進捗を報告します。

プロジェクトメンバーとともに、プロジェクトのビジネス成果を達成するために伴走してきていれば、自社はプロジェクトパートナーとして認められるでしょうし、その実績に対する信用は、次のビジョンや戦略実現の機会にも依頼したいという信頼とパートナーシップにつながっていきます。

大事なことは役員の担当事業や役割に関連するプロジェクトの現状のフェーズを理解してアジェンダを用意することです。興味を持ってもらえる可能性が高まりますし、プロジェクトのフェーズを強力に後押ししてもらえるスポンサーを得る機会にできるでしょう。

7-3 役員向け施策の準備・実践

▼役員アポイントの取得

現在進行中のプロジェクトにおいては、日々接している担当者の方を通じてアポイントを調整することが原則です。たとえ過去に直接のつながりがあったとしても、目の前の担当者を飛び越えてアポイントを取ることは、信頼関係を損なうリスクがあるため避けましょう。担当者との信頼構築が、プロジェクトを円滑に進めるための土台となることを忘れてはいけません。

そして、役員クラスのアポイントを調整する場合は、社内といっても担当者の方も心理的なハードルが高く、無理な負担を強いることになりかねません。そのため、誰を通じて役員のアポイントをお願いするかを慎重に見極めることが必要です。もし、一度アポイントをお願いして断られた場合に、別のルートで再度依頼することは失礼にあたりますし、同じ役員に対して異なる担当者を通じて再度お願いすることは、担当者の立場

図 7-3 ｜ 役員訪問アジェンダの考え方

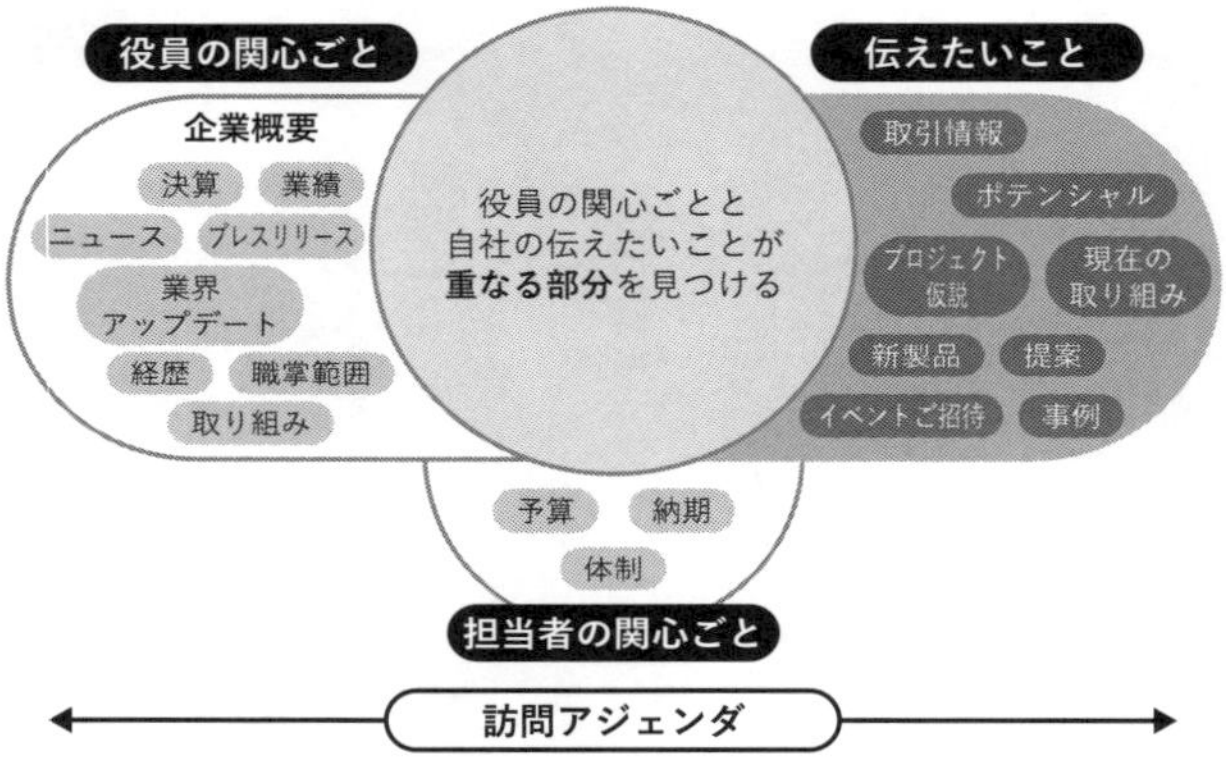

を危うくしてしまう可能性があります。信頼を大切にしながら、依頼する相手を選定し、担当者と役員に無理のない形で調整を図ることが、長期的な信頼関係の構築につながります。

次に、役員とのアポイントを依頼する際は、できる限り高役職者から依頼することを心がけてください。担当営業から依頼をしても、依頼の重要度が伝わりにくく、軽く見られてしまう可能性があります。そのため、依頼をする際には管理職以上のポジションからお願いして重要であることを伝えましょう。

また、役員へのアポイントを依頼する際には、役員自身の関心事だけでなく、担当者の立場や関心事項も十分に考慮することが求められます。

▼準備期間は最新情報収集と信頼関係の構築の機会

役員訪問の準備の際にはプロジェクト化を進めるキーマンや関係者にも役員の興味関心事項を確認し、相談することをお勧めします。政治の世界でも、アメリカと日本のトップが安全保障問題や貿易問題を会談するときは、官僚同士は事前に協議を重ね、トップ同士がスムースに話せるよう準備を入念に行います。そして会談後には合意内容を双方で進めていきます。

部門の戦略を実現したいと考えているキーマンやプロジェクト支援者にとっての営業も同じです。役員がプロジェクトの強力なスポンサーになってくれるかもしれないし、そうではなくても少なくとも反対をされないように前向きな認識合わせをしたいと考えているはずなので、準備に協力してもらえる可能性が高いからです。

役員訪問が決まると、それを理由にキーマンや関係者とのアポイントは確実に取りやすくなります。

「役員のAさまが最近社内の会議などでよく話題にされたり、発信されていることはどんなことでしょうか？」

「キーマンのBさまが進めようとしている戦略についてはAさまにはご報告済みでしょうか？ 反応はどのようなものでしたでしょうか？」
「ゴルフにはよく行かれるのでしょうか？」

このように、役員訪問の日までに役員の興味関心、役員が最近社内でよく話していること、戦略や課題感、趣味なども、準備のために聞いてみることで社内の最新情報を把握することができます。

営業Aさんが営業改革プロジェクトの提案中に社長訪問の準備をしたときの話です。

Aさんはまず、当日お客さま側の同席者を確認しました。そうすると、今まであまりプロジェクトとしての接点がない経営企画の役員が同席することがわかりました。親しい情報システム部の担当者にその経緯を聞き、「社長が最近〝営業の科学化〟という発言を経営会議で発信されていて、それを急遽経営企画側にリードしろと指示を出したから同席していたのではないか」という情報をつかみました。その言葉を当日の資料に意図的に取り入れ、何回も担当者と壁打ちを重ねました。「商談」ではなく「引合」と呼ぶなど、ひと言ひと言にも気を配り、想定質問集も用意し臨みました。プレゼン当日、その言葉を使用した際、社長の表情が「おっ！」と変わり、終了後には「うちの課題をよく理解してくれているね」とコメントをいただくことができました。こうした細かなリサーチと準備が、大きな成果につながるのです。

この役員訪問の準備期間は当日と同等かそれ以上に大事な期間で、今後のアカウントプランをアップデートするための絶好の機会です。

しっかりとキーマンと営業が力を合わせて準備を行い、双方の役員が今後の対会社同士のお付き合いに前向きな認識合わせができれば、今後のプロジェクトも進めやすくなるでしょう。

▼役員向け施策のフォローアップ

役員訪問を設定してくれた担当者や当日同席していた部下の方に、訪問後24時間以内に個別に連絡しましょう。設定・同席していただいたお礼を伝えるとともに、当日役員から出た要望や課題をどのように進めるかを相談をする場を持ちましょう。電話で10分程度話をするのもいいですし、翌日に短時間のミーティングの場を設けてもよいでしょう。

訪問後には支援者に、役員との会話の内容やその場で出たプロジェクトの取り組みの方針などを即座にフィードバックし、次のアクションを検討するための打ち合わせをセットで打診します。

そうすることで役員向け施策で出た方針や方向性を関係者とともに具体化し、プロジェクトを前に進めることができるのです。

役員向け施策と支援者との準備、そして、その結果報告の会議はセットだと思って進めるとよいでしょう。自社の役員の反応は関係者にとって大きな関心事項なのです。このように支援者と一緒に作業を1つひとつ一緒に進めることが、プロジェクト化への前進になるのです。

第3部

エンタープライズセールスの育成プログラム

第8章 エンタープライズセールス組織に必要な人材と育成方法

8-1 求められる人材像と採用基準

▼エンタープライズセールスに求められるスキル

中小企業向けの営業においては、お客さま側の意思決定者と購入者が同一人物のことが多く、目の前の人をいかに動かすスキルが求められます。また、買い手側の企業数も多いので、双方の要件をすり合わせることに時間を使うより、新しいお客さまを見つけるほうが効率的なので、瞬発力と行動力も求められます。

一方、大企業では意思決定者・利用者・評価者・購入者などが細分化されているため、

社長であっても単独で意思決定をすることができず、組織を動かす力が求められます。

またお客さま側の企業数も数が限られているため、双方の中長的な利益を考慮し要件をすり合わせる必要性があるので、緻密な計画性と粘り強さが求められると考えています。

▼求められるマインド

エンタープライズセールスの経験がある営業にはなかなか採用の場で出会えません。また特に資格があるわけでもないので、経験者だと思っていざ採用をしたら期待値と違ったとか、中小企業担当として成果を出した営業を大企業担当に配置転換をしたら途端に成果が出なくなったということもあります。

ただ、長年エンタープライズセールスを見ていますが、こういう人が優秀だというトップセールスの絶対的な傾向はいまだに模索中です。大量行動型でうまくいく人もいれば、コンサルのようなロジカルな提案でうまくいく人もいるので、成功するやり方は人それぞれなのでしょう。

ただ、スキルがある／ないの前に、向いている人／向いていない人がいることに気づきました。向いていない人は成果が出ないというより、そもそも頑張れなかったり持続しないことが多く、採用や配置転換においてはこの足切り要素を持つことが大事だと考えています。

では、エンタープライズセールスに向いている人はどのようなマインドを持っているのでしょうか？

■ 人への興味、カスタマーサクセス思考

大企業ならではの長い購買プロセスを「面倒なハンコリレー」と思ってしまうか「プロジェクトの仲間づくり」と思えるか。

営業を単なる「売買」と捉えてしまうとエンタープライズセールスは面倒な仕事だと思ってしまうでしょう。仕事のゴールが契約でしか見えなくなってしまいます。そうなると、長い購買プロセスに対して根回しをすることも面倒に思いいら立ちを感じてしまうでしょう。

単に商品を売るだけでなく、お客さまやプロジェクトチームとの深い信頼関係の構築に重きを置くことができれば、「専務や常務の理解が得られれば、一緒に協力してくれている担当者の方も評価されるはず」「このプロジェクトで多くの人の生産性が向上できるので、一歩一歩その笑顔に向かっている」などとプロセスの各段階を前向きに捉え

ることができます。

さらに、それぞれのキャリアや個人的な背景、組織内での評価の仕組みを理解することにより、エンタープライズセールスでは、自分の提案が直接的にお客さまやチームメンバーのキャリア進展に貢献していると感じることができ、「お客さまの出世をエンタープライズセールスの目標とする」という考え方が喜びにつながります。

質問例：
「仕事において大切にしている価値観は何でしょうか？」
「どんな瞬間に仕事にやりがいを感じますか？」

■ プロジェクトと自分の成長を楽しめる

プロジェクトの規模が大きく商談期間が長いエンタープライズセールスは、年間で契約を行う機会は多くはありません。業界によっては数年で1つしかプロジェクトを担当しないということもあるくらいなので、受注という行為だけに喜びを感じたり、毎月売上目標を達成したかどうかに特に喜びを感じたりする営業はエンタープライズセールスには向いていないでしょう。

大きなゴールに向かって、1つひとつ階段を上るプロセスに喜びを感じられるかどうかは向き不向きの分かれ目です。例えば、今まで見向きもしてくれなかった課長さんのアポイントが取れたとか、自分の仮説提案が褒められたとか、接待で新設部署の話が聞けたとか、社内のアカウントプランレビューで周りが褒めてくれたとか、顧客理解や仲間づくり、そして自らの成長というプロセスも楽しめる人は、この長い旅路を歩むことができます。

エンタープライズセールスの旅路は短くても1~2年です。年単位で結果の出ないことをし続けるというのはなかなかない経験です。また我慢をすれば必ず道が開けるというものでもなく、常に結果を求めながら結果の出ない期間を過ごすというのは精神的にかなりのストレスです。「諦めない心」というと我慢のイメージを持ってしまいますが、この長い期間は我慢するにも限界があるので、この期間を楽しめる人間でないと持続しないと思っています。

質問例：

「プライベートでも仕事でも数年かけて1つのことに取り組んだことがありますか？」

「長い期間結果が出なかったときに何を考えていましたか？」

図 8-1 ｜ エンタープライズセールスに向いている人の特徴

- お客さまやプロジェクトチームに興味を持ち、カスタマーサクセスを喜べる
- プロジェクトプロセスの進捗を楽しみ、自らの成長として捉えることができる
- アカウントチームで成功することを喜び、感謝することができる

■ One for All

エンタープライズセールスにおいて大きな契約が取れたり、プロジェクトが成功を収めたときに営業がやることはチームへの感謝です。同行してくれた上司、資料をつくってくれたエンジニア、見積もり支援をしてくれたバックオフィスの方、トラブルを対応してくれたアフターサポートの方など、関連の人にお礼を伝えることが大事です。自分1人の力だけでは大きなプロジェクトはできないので、成功の手柄を独り占めして注目を浴びたいという営業は向いていません。そういう営業はお客さまをただの購買先として見たり、社内のサポーターを駒として見たりしてしまう傾向にあります。

「人はロジックで判断をし、感情で決断をする」という言葉は、お客さまだけでなく社内の関係者にも当てはまります。重要な商談のために急ぎで資料を作成するよう依頼する際に「これだけの重要商談を遅延させたらあなたの責任ですよ」みたいな言い方をして、周りのモチベーションを下げてしまうと、次回から二度と協力をしてくれなくなります。自分もチームの一員として一緒に動くことに喜びを感じる人は長続きします。

質問例：
「過去にチームで動いたプロジェクトはありますか？その中でどういう価値を発揮しましたか？」

▼エンタープライズセールスは育成可能か？

「エンタープライズセールスは育成に時間がかかる？」
「即戦力のスキルを持つ営業ではないと採用してはダメなのか？」

採用する側の立場では、ただでさえ商談日数の長いエンタープライズセールスに未経験の若手を採用したら、教育だけで1年、結果が出るまでまた1年2年とかかってしまうので、即戦力を採用したくなる気持ちもわかります。

また、大企業担当になるとプロジェクト数でいえば、中小企業担当に比べて下手すれば10分の1くらいになってしまうことも珍しくありません。若い営業は早く成果を実感したいという思いが強かったり、マネジメント側も若手に多くの経験をさせたいので、打席数が多い中小企業担当に配置させたくもなります。

ですので、結果的に採用する際も新卒から順々に育てるよりも即戦力としてベテランの営業を採用してしまうことが多いと思っています。

しかし、それが結果的に属人化を生んでいる原因となります。今まで書いてきたプロセスに則り分業化を可能にすることができれば、エンタープライズセールス未経験だとしても短期で成果が出るわけです。

比較的年齢層が高いエンタープライズセールス業界ですが、ぜひ若い方にもチャレンジしてほしいですし、採用側も人に頼るのではなくチームセリングする組織をつくり、そこに必要な人材を採用することを願います。

8-2 スキルとトレーニング計画

最低限必要なマインドを述べてきましたが、ではエンタープライズセールスに向いている人をどのように教育していくべきかを解説します。

▼トレーニングの計画作成方法

ヒアリング能力、コミュニケーション能力、プレゼン、製品知識、アカウントプランの作成経験など、エンタープライズセールスに求められるスキルや知識をあげたらキリがないでしょう。もちろん全てにおいてパーフェクトな営業がいればよいのですが、なかなかそうはいきません。自社のエンタープライズセールスにおいてどのようなスキルが必要かは、何度か書かれている、エンタープライズセールスのプロセスから逆算で考えていくことを推奨します。

「KPI→求められる活動→スキル→武器」という順番で考えていってください。

例えば、初めはお客さまの調査フェーズから営業活動はスタートします。そこでのＫＰＩは３つのマップをどれだけ取得した・埋めたかというマップ情報数となります。

ではマップ情報数を達成するためにどのような活動が必要かというと、お客さま調査の活動です。お客さまにお土産となる事例や業界ネタを持っていき、３つのマップについてヒアリングをしていくわけです。

そこで必要なスキルは、ＳＰＩＮ※のようなヒアリングスキルであったり、事例や業界ネタを研究するための業界知識であったり、お客さまの興味関心に合わせてサッと製品や事例を出せるサッと出しのスキルであったりします。

そのスキルを学ぶためであったり、実行を楽にするためのトレーニングと武器が次に必要になり、事例１００選のようなサッと資料を出せるような武器を用意してあげたり、さらに問題集をつくってあげて上司がランダムに質問をしてその１００選からサッと資料を出せるようなトレーニングをします。

このような１つひとつのプロセスにおいて、活動、スキル、武器を定義していくことで自社のエンタープライズセールスに必要な要素を洗い出すことができます。

※営業におけるSPINとは、「Situation：状況質問」「Problem：問題質問」「Implication：示唆質問」「Need payoff：解決質問」という重要な質問の頭文字を取ったフレームワーク

図8-2 | セールスフォース・ジャパンのエンタープライズセールスに求められるスキル

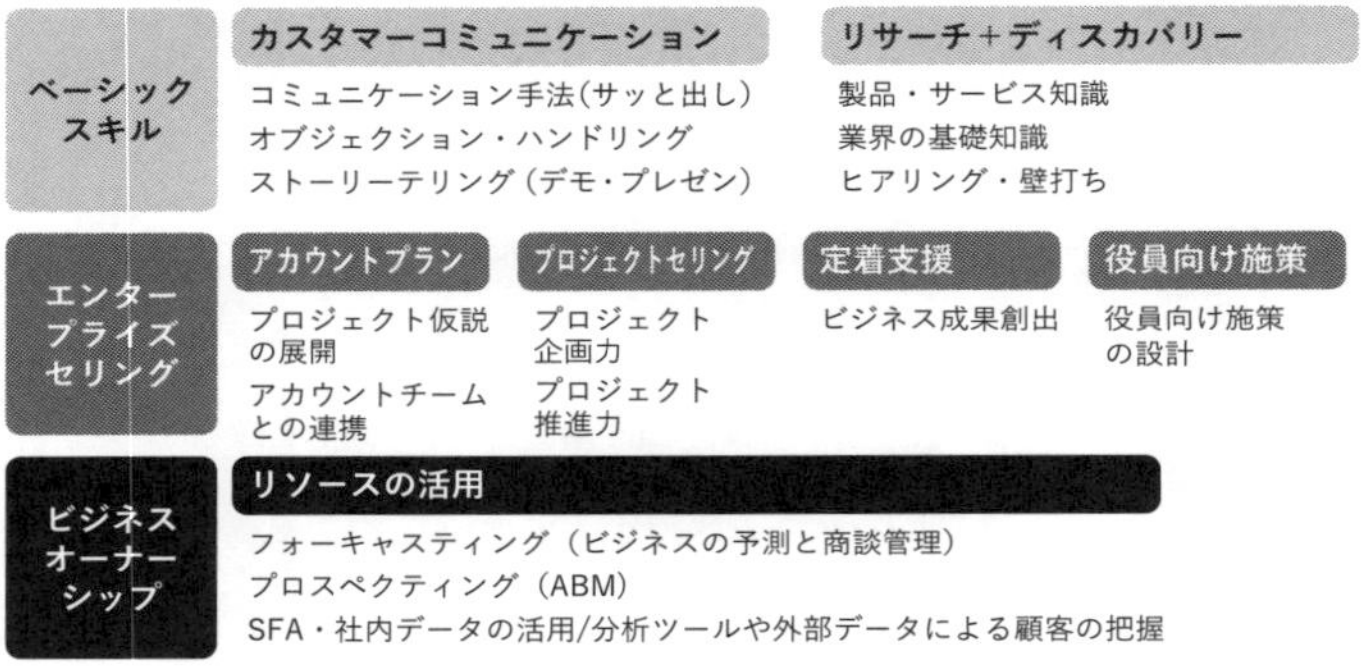

	カスタマーコミュニケーション		リサーチ＋ディスカバリー
ベーシックスキル	コミュニケーション手法（サッと出し） オブジェクション・ハンドリング ストーリーテリング（デモ・プレゼン）		製品・サービス知識 業界の基礎知識 ヒアリング・壁打ち

	アカウントプラン	プロジェクトセリング	定着支援	役員向け施策
エンタープライズセリング	プロジェクト仮説の展開 アカウントチームとの連携	プロジェクト企画力 プロジェクト推進力	ビジネス成果創出	役員向け施策の設計

	リソースの活用
ビジネスオーナーシップ	フォーキャスティング（ビジネスの予測と商談管理） プロスペクティング（ABM） SFA・社内データの活用/分析ツールや外部データによる顧客の把握

■セールスフォース・ジャパンにおける事例

より具体的なイメージを持ってもらうために私の本部の事例を紹介いたします。

現在図8－2のようにスキルを定義しており、さらに1つひとつのスキルを図8－5のように4段階で評価しています。これは各商談フェーズに必要な行動から逆算をしたものとなっております。

例えばエンタープライズセールスのプロセス1つ目であるマップ情報を取得する際に、もちろんヒアリング力も必要なのですがサッと出し能力と業界知識が必要と定義をしています。

お客さまとの打ち合わせではインサイトマップでつくった複数の仮説を確かめていくのがゴールなのですが、事前準備となるとお互いの信頼関係がない中スタートするので、いきなり

「この仮説は合っておりますでしょうか？」と、インタビューをしているかのような進め方をしてはいけません。対談のように、「私は御社の業界ではノウハウのある世代の人が一挙に辞めてしまい、若手の人材育成が最も大きな課題だと思ったのですが、Aさんはどう思いますか？」と業界知識を用いながら会話を進めていき、たとえその仮説がはまらなかったとしても「なるほど！たしかに御社は早くから社員教育に力を入れてこられたのでそこは課題ではないのですね！素晴らしいですね。とはいえ、採用自体は結構苦しまれていると思うので、その若手の方たちの生産性向上が今後チャレンジテーマになるのですかね？であれば弊社も海外でうまくいった事例を持っておりまして」と、サッと出しをしながらお客さまの信頼を取りに行くことができます。

これをヒアリング能力だといえばそうなのかもしれませんが、前述の例のようにヒアリングをするためには、事例やサンプルをサッと提示するようなサッと出しのようなコミュニケーションの手法や、ビジネスの基礎知識、業界の基礎知識なども必要になってきます。必要なスキルを具体化するためには、うまくいっている営業の行動を観察し、もう1段階落としたスキルの定義をわかりやすい言葉で表す必要があります。

■ ターゲティングはマネージャーの仕事

このスキルの話をするときに「ターゲティングのスキルを定義されないのはなぜですか？」と聞かれることがあります。中小企業担当の営業であれば、毎年テリトリーが変わったり狙い先も変わったりするかもしれませんが、エンタープライズセールスでは決めた業種やお客さまと数年単位でお付き合いしていく手法のため、毎年ターゲティングをする必要はありません。なので、この会社を担当すると決めるときは相当の覚悟を持って行わないとならず、営業1人でおいそれと判断をしてはいけません。営業と上司だけではなく、技術やマーケティング、インサイドセールスなどチームとして判断をする必要があります。そのため営業個人にスキルアップをさせることはそれほど重要視していないと判断をしています。

▼それは代替できるスキルなのか？

これだけのスキルを記載すると、一人前になるまで一体何年かかるのだろう？と思われるかもしれません。実際に私の本部でも本当に全てのスキルを最高レベルで身につけるには5年以上はかかってしまいます。ただ、全てのスキルで満点を取らないとなら

図8-3｜エンタープライズセールスのKPI実現に必要なスキルマッピングの例

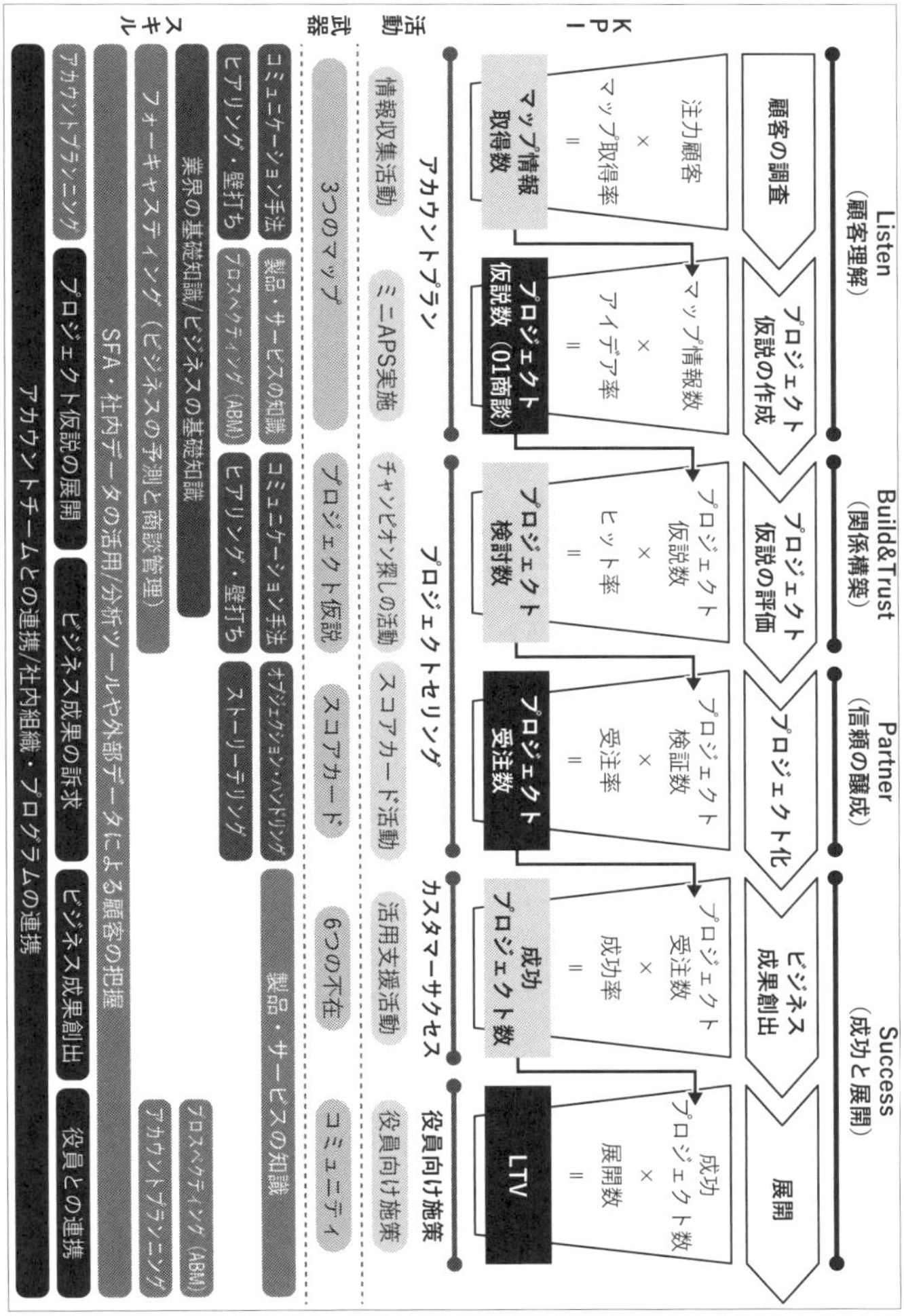

ないわけではなく、足りない点をチームやツールで補えば問題ないわけです。

またインサイドセールスやカスタマーサクセスを新たに採用する際、企業のステージによっては資金の問題ですぐに採用ができない可能性もあると思います。

だからこそ、前述したエンタープライズセールスの4つの施策やKPIを見ながら、自社のどこがボトルネックかを見極めましょう。

例えば自社の営業がマップの情報数が少なく、その原因がコミュニケーション手法のサッと出しスキルだとしたときに、営業にトレーニングをする以外にそのサッと出しを代替できるか考えてみてください。自社のエンジニアが比較的潤沢にいるのであれば、事前準備にだけ同席をしてもらうルールをつくり、サッと出しをエンジニアにやってもらうとか、単語を入れれば社内事例をすぐに検索できるアプリをつくり、ツールにサッと出しを支援してもらうことも可能です。また、業界知識が足りないのであれば、業界経験者のインタビューをしてフリーランスのスポットコンサルに業界研究資料をつくってもらうことを外注してもよいでしょう。なにも全ての活動を営業1人で行う必要はありません。

図 8-4 ｜ スキルマップ

ベーシックスキル						ビジネスオーナーシップ		
カスタマーコミュニケーション			リサーチ+ディスカバリー			リソースの活用		
コミュニケーション方法（サッと出し）	オブジェクション・ハンドリング	ストーリーテリング（デモ・プレゼン）	製品サービス知識	業界の基礎知識	ヒアリング・壁打ち	SFA・社内データの活用 / 分析ツールや外部データによる顧客の把握	プロスペクティング（ABM）	フォーキャスティング（ビジネスの予測と商談管理）
顧客の要望を先回りし、適切なデモ・事例スライド・動画をサッと出せる	・金額交渉、製品、定着化のQ&A対応ができる	競合との差別化、WhySalesforce、顧客の働くBefore/Afterをイメージさせる具体的なシナリオを描けている	・全ての製品について初回訪問時に紹介できる ・製品テスト800点以上 ・デモを自分で設定できる ・年3回バージョンアップする新機能を理解している	・担当している業界の3年後と今のトレンドを知っている ・業界特有の言葉を理解できている ・業界の事例10個以上話せる	・ワークショップを自らリードできる ・ヒアリング中に事例、デモを交えながら相手に示唆を与えることができている ・インサイトマップをもとに顧客と対等に会話ができている	・テリトリー分析、トップセールス分析、アカウント分析 ・フォーキャスト、パイプライン管理、活動管理 ・APS、アカウント活動、ケース、リード ・Slack/QUIPのアカウントチャンネル	・狙ったアカウント、事業部から毎月プロジェクトを発掘できている（実績と活動量） ・動画/イベント/パートナーなど全施策をフル活用してプロジェクトを発掘できている ・ワークショップのレクチャーができる	・1年以上の先の計画を立てている ・ボトムアップで積み上げない ・フォーキャスト精度10%以内 ・スコアカードのレビューができる

アカウントプラン		プロジェクトセリング		定着支援	役員プログラム
プロジェクト仮説の展開	アカウントチームの連携	プロジェクト企画力	プロジェクト推進力	ビジネス成果実現	役員向け施策の設計
・注力顧客アカウント/事業部でインサイトマップ完成 ・顧客と数回の壁打ち済み ・APS01商談を10件以上作成でき、新規プロジェクトを四半期ごとにつくれている	・全ての関連チームを巻き込めている ・関連メンバーがアカウントについて能動的に情報収集や提案をしてくれるほど思いを持ってくれている ・関連メンバーがそらで今期来期のアカウントに対する目標を言えている ・関連メンバーが必要な情報をすぐに得られる状態をつくれている（Slack/GoogleDrive/Dashboard/レポート） ・関連メンバーに常にSlackで最新の情報を届けている ・ミニAPSを定期的に開催できており、アジェンダも定例化できている	・いくつかの質問をするだけで顧客がどのプロジェクトステージにいるのか理解できる ・それに合わせて、社内のあらゆるコンテンツとリソースから最適なものを提供可能 ・各種プログラムを実体験し、その一長一短を理解できている	・プロジェクトにおけるリスクを1人で洗い出すことができている ・プロジェクト計画書を作成できる（外部環境分析、体制、要件まとめ、ROI）	・導入後ビジネス成果を出している ・構築ベンダーにアドバイスし品質管理ができる ・カスタマーサクセスリソースを利用できている ・プロジェクトごとに6つの不在を即答できる（何がゴールで、成功の指標は？次の課題は？そのために支援することは？などの質問の答えられ、設定内容も頭に入っている）	・全アカウントの主要な事業部において役員、現場、ITを訪問できている ・役員訪問のレビューでマネージャーからほぼ指摘されない（役員が何を求めているか理解でき、その解答も理解できている）

▼エンタープライズセールスにとってトレーニングは離職防止

期間が長くなかなか結果が出ないエンタープライズセールスにとって自己成長は唯一の毎月安定的に出せる成果といえます。弊社には四半期に一度ＩＤＰ（Individual Development Plan）といって、将来のキャリアについて話す場があります。そこで、先ほど定義をしたスキルマップをもとに、チームメンバーからの３６０度評価をもらい、足りないスキルと次の四半期で伸ばすスキルをマネージャーと話し合います。

ここで大事なのは将来のキャリアと結びつけるという点と、四半期に1つのスキルと絞ることです。

今、困っているスキルを題材にすることも大事な一方で、将来特定業界のスペシャリストになりたいという思いがあるならば、製品知識のスキルを伸ばしていこうだとか、マネージャー思考が強いのであれば、ＳＦＡを使ったオペレーションを皆の手本となるくらい使いこなしていこうだとか、この学びが将来の自分の目指す姿に近づいているという実感を持たせてあげることで、日々の仕事に活力がもたらされます。

また、四半期に1つというのは、なかなかスキルアップは時間がかかるもので、あれこれもやっても身についたかどうかは判断が難しいからです。１つに絞ることでマネジ

図 8-5 ｜ 360度フィードバック評価システム

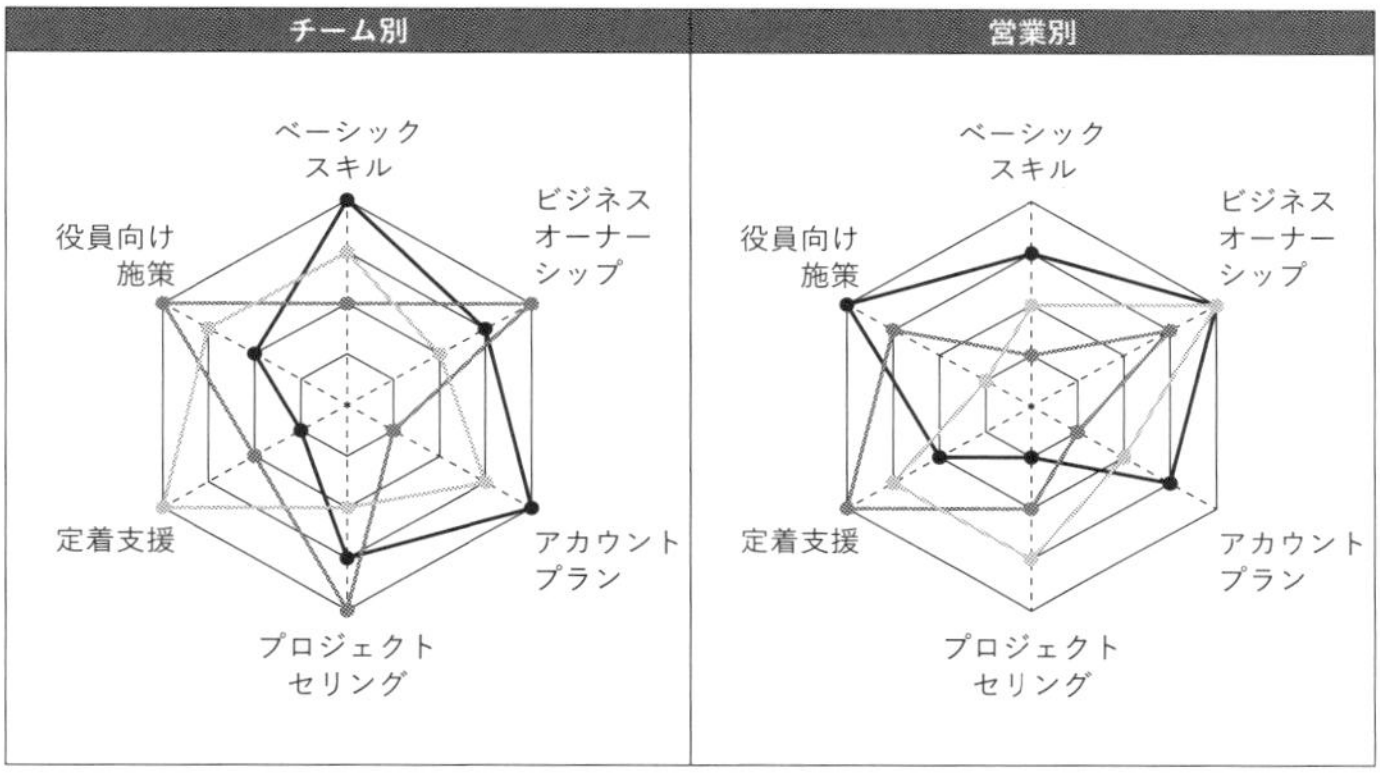

メントもその1点について見ていくことが可能になりますし、1つ程度であれば自身の成長を実感しやすいということから、四半期中に成長0を避けるために1つに絞ることをお勧めしています。営業成果も出ていない、プロジェクトの成果もまだ出ていないときに、唯一自分自身の努力だけで成果を残せるのが自身のスキルの成長なのです。

■ 360度フィードバック評価システム

私の部門では営業スキル評価の結果を自社システムで管理をしています。また私の部門では、マネージャーだけではなくアカウントチームの関係者を含む360度でフィードバックをしてもらっています。良いことも悪いこともオープンに話し合う文化なので、こういう評価自体もオープンにしています。自分への評価や前四半期の評価との差分を本人にフィードバックすることで、どこに力を入れてスキルを伸ばすのかという計画をマネージャーと一緒に考えられるようにしています。

マネージャーからのフィードバックや伸ばせたポイントに対する感謝の言葉1つで救われる営業も多く、エンタープライズセールスの長い営業期間を乗り切るために、褒め合う文化をつくることも成功の要因の1つだと思います。

8-3 改革の成功の要因

■ 戦略から評価までつなげる

ここまで紹介したエンタープライズセールスのプロセス・施策・KPIなどを取り入れるとなると、組織全体を変革するような一大イベントですが、一部分だけを実施してもどこかでほころびが出てしまいます。しかし、この全てをつなげることでメンバーもぶれずにリーダーについていくことができます。

ここで1つのエンタープライズセールス改革の失敗事例をお話しします。これから受け身の営業ではなく仮説提案型の営業に変革をしたいということで、プロジェクト仮説をつくるプロセスだけを取り入れたお客さまがいらっしゃいました。

初めはトップダウンで号令がかかったので営業も一生懸命プロジェクト仮説をつくってお客さまに持ち込んでいたのですが、会社の正式なKPIとして落とし込んでいなかったため、徐々に従来の代理店からの見積もり対応や細かい案件の仕事が忙しくなり、プロジェクト仮説の作成件数は減っていってしまいました。また一部のマネージャーは、目先の売上が欲しいがために「プロジェクト仮説なんてつくっている暇があったら、見積もり1件でもつくってこい」というような指示を出してしまいました。そうなると、営業メンバーはプロジェクト仮説をつくって評価がされないのであればと、つくるのをやめてしまい、仮説提案型の営業への改革プロジェクトは失敗に終わってしまいました。

全社一斉スタートではなく、スモールスタートでやりたい場合は、全部署で1つの施策を実施するのではなく、1部署で全ての施策を実施することをお勧めします。

ただ、どうしてもあえて1つの施策だけをやってみたいというのであれば、プロジェクトセリングがよいでしょう。1つのプロジェクトを確実に成功に導いていかない限りアカウントプランで夢を描いても意味がありませんし、役員訪問したところで大した話もできません。プロジェクトセリングの設計をすると自然とSuccessフェーズの設計まで考えるので、ここから始めるとよいでしょう。

■ チームで行う

この本で紹介したエンタープライズセールスのセリング手法は営業だけで実施をすると破綻をしてしまいます。関連部署のリーダーの理解と協力がないと、営業1人で頑張るだけになってしまい、業務量がパンクしてしまいます。

APSを実施しても、周りのインサイドセールスやエンジニアが事前に資料を読み込んでなかったり、会議でも発言しなかったりとなると、チームで大きな山を登るという目的は達成できません。

全ての部署を一気に巻き込んでやるのは相当な改革が必要なので、1部門ずつエンタープライズセールスのビジョンとゴールを説明し、口説いていきながら仲間にしていくとよいでしょう。各部門の役員やマネジメント、仲間の協力が必要です。

■ マネージャーが徹底する

マネージャーは仕組みをつくり・やり方を教え・背中を見せ・できるまで１０００回でも言い続けることです。実際にこのエンタープライズセールスを取り入れてみて、何も問題が起こらなかった企業や部門は見たことがありません。私自身も改革を取り組んでいく中で、多くの反発をもらいましたし、時にはチームから去っていくメンバーもいました。

ＡＰＳをやってもすぐに目先の商談を話し始めたり、プロジェクトセリングといってもすぐに製品紹介をしてしまったりと、マネージャーとしてヤキモキすることが多く出てきます。ただ、すぐには変わらないことを認識することで、自分自身も長い変革の旅路を楽しむというマインドに変わり、メンバーと一緒に楽しみながら成長することができます。

またこういった新しい売り方を会社で試みるのであれば、マネージャー自らが実験台となるべきです。経験の浅いメンバーに任せても、そこから出てくるフィードバックが的を射ていない可能性もあります。例えば、ヒアリングスキルが非常に高いマネージャーがプロジェクトセリングを実施してみれば「あ、ここは業界知識が相当いるな」と思いますが、経験の浅い若手だと、業界知識自体がない場合にはそれすらも気づくことができなかったりします。

そのためにも改革を推進するマネージャー自身が施策からKPIまで自分の言葉で話してメンバーに伝えることが重要です。「この本の通りやってみよう！」とだけ伝えてもメンバーは動きません。「この本を見て仮説提案の重要性に気づかされた。自身の部署の活動を見るとほぼ90％以上が受け身の商談ばかり。私たちはもっと大きなプロジェクトを起こす提案をしないといけないので、本ではプロジェクト仮説と記載しているが私たち夢商談と名前をつけて仮説提案数を今後KPIとしていきたいと思っている！」と、このくらい自社に落とした形で話をして、そして、腹落ちするまでとことん話し続けてほしいと思います。それぞれのプロセスの名称なども自社の製品やサービスに合わせなじみやすい名称をつけてみることをお勧めします。これから実施していく皆さまの組織の営業改革、セリング方法にも愛着が持てるようになるでしょう。

――さいごに

エンタープライズセールス
～将来ＡＩに置き換えられない顧客のプロジェクト成功に寄り添う営業モデル

昨今、生成ＡＩの登場により営業という職業は今後いらなくなるのでは？という声を聞くようになりました。製品の調査をし、資料もつくってくれ、自社の課題の相談にも乗ってくれます。ただ、人を動かし組織を動かすことはどこまでＡＩが進化しても難しいでしょう。人はロジックで判断しますが最後に決断するときは感情だからです。

本書では、単純な大企業向け営業手法ではなく、大企業向けの営業ではビジネス成果にコミットした新しい手法を用いる必要があるということをお伝えしたつもりです。言われたことだけをやる営業は徐々にＡＩに置き換わるかもしれませんが、この内容を実践できた営業はそう簡単にＡＩに代替されないと思っています。

そうは言ってもこれは、非常に難易度が高いことです。ただ、自らが成長し、そしてお客さまのビジネスも成長し、その結果自社のビジネスも成長するWin-Win-Winのサイクルが実現できる非常にやりがいのある仕事だと思っています。

社員数が多い大企業の変革は、社会の変革に直結するものだと思っています。その一方で古い文化や大きい組織が変革を妨げており、社内の力だけでは変革は難しく、外部からの良い刺激が必要不可欠です。

その良い刺激の1つが、私はエンタープライズセールスだと思っており、そうなりたいと思っています。

会社の将来を描き、頭を悩ませている大企業の方がこのようなエンタープライズセールスと出会い、1歩でも企業変革に踏み出せるようになればと願っており、本書が微力ながらその手助けになれば幸いです。

最後に、本書は私1人で書いたわけではありません。6年間試行錯誤を繰り返し一緒に成長してきた関西支社のメンバー、セールスフォース・ジャパンという営業ノウハウを共有し合う会社で本書を出すことを後押ししてくれた上司、そして本書の原型となるトレーニングを一緒に開発し共著として協力をしてくれたSalesEnablementの松村さんには特別な御礼を申し上げます。

本書内容に関するお問い合わせについて

このたびは翔泳社の書籍をお買い上げいただき、誠にありがとうございます。弊社では、読者の皆さまからのお問い合わせに適切に対応させていただくため、以下のガイドラインへのご協力をお願いいたしております。下記項目をお読みいただき、手順に従ってお問い合わせください。

●ご質問される前に

弊社 Web サイトの「正誤表」をご参照ください。これまでに判明した正誤や追加情報を掲載しています。

正誤表　https://www.shoeisha.co.jp/book/errata/

●ご質問方法

弊社 Web サイトの「書籍に関するお問い合わせ」をご利用ください。

書籍に関するお問い合わせ　https://www.shoeisha.co.jp/book/qa/

インターネットをご利用でない場合は、FAX または郵便にて、下記"翔泳社愛読者サービスセンター"までお問い合わせください。

電話でのご質問は、お受けしておりません。

●回答について

回答は、ご質問いただいた手段によってご返事申し上げます。ご質問の内容によっては、回答に数日ないしはそれ以上の期間を要する場合があります。

●ご質問に際してのご注意

本書の対象を超えるもの、記述個所を特定されないもの、また読者固有の環境に起因するご質問等にはお答えできませんので、あらかじめご了承ください。

●郵便物送付先および FAX 番号

送付先住所	〒 160-0006　東京都新宿区舟町 5
FAX 番号	03-5362-3818
宛先	（株）翔泳社 愛読者サービスセンター

※本書に記載された URL 等は予告なく変更される場合があります。

※本書の出版にあたっては正確な記述につとめましたが、著者や出版社などのいずれも、本書の内容に対してなんらかの保証をするものではなく、内容やサンプルにもとづくいかなる運用結果に関してもいっさいの責任を負いません。

※本書に記載されている会社名、製品名はそれぞれ各社の商標および登録商標です。

※本書に記載された内容は、著者個人の見解や経験にもとづくものであり、セールスフォース・ジャパンおよびその関連会社の公式見解を必ずしも反映しているわけではありません。本書の内容に関する責任は著者個人に帰するものであり、セールスフォース・ジャパンはその内容についていかなる保証も行っておりません。

[著者プロフィール]

佐藤 亮（さとう・りょう）

株式会社 セールスフォース・ジャパン
執行役員 関西支社長 関西支社 エンタープライズ営業本部 本部長
2012年株式会社セールスフォース・ジャパンに入社し、関西支社の中堅〜大手規模のアカウントを担当する営業部に所属。製造業を中心に営業改革プロジェクトの企画から実行までを担当する。2019年2月より同支社エンタープライズ営業部の部長に就任し3年連続で目標を達成。2022年9月より同支社営業本部の本部長に就任し、関西の大手アカウントの事業責任者として事業拡大を展開する指揮を執る。2024年2月に関西支社長に就任し、現在に至る。関西支社の中堅規模以上の企業を担当する営業チームの責任者として、営業マネージャー、営業担当の育成から人材採用、関西支社の売上成長、お客さまの成功をミッションとして日々取り組んでいる。

[監修者プロフィール]

松村 泉（まつむら・いづみ）

株式会社 セールスフォース・ジャパン
ビジネスオペレーション本部 フィールドイネーブルメント部 シニアマネージャー
2010年、株式会社セールスフォース・ドットコム（現セールスフォース・ジャパン）に入社。大手金融・保険業のカスタマーサクセス担当としてSFAを活用した営業改革の支援に従事後、中小企業から大手企業までSFA活用・営業売上の効果創出のための取り組みの型化を行い、Webセミナーやワークショッププログラムをリードする。2021年より、セールスイネーブルメントとして大手企業担当営業のオンボーディングを担当後、現在はエンタープライズ営業本部および営業技術メンバーのイネーブルメント担当チームのマネージャーとして、営業オペレーションの型化や定着を支援しながら、各本部の売上最大化に貢献すべく奮闘中。

装丁デザイン	小口 翔平＋後藤 司（tobufune）
本文デザイン	岡部 夏実（Isshiki）
DTP	株式会社 明昌堂

エンタープライズセールス

大企業担当の営業組織が成果を出し続けるためのバイブル

2024年 11月20日 初版第1刷発行
2025年 2月25日 初版第3刷発行

著者	佐藤 亮
監修	松村 泉
発行人	佐々木 幹夫
発行所	株式会社 翔泳社（https://www.shoeisha.co.jp）
印刷・製本	中央精版印刷 株式会社

本書へのお問い合わせについては、271ページに記載の内容をお読みください。
落丁・乱丁はお取り替えいたします。03-5362-3705までご連絡ください。
ISBN 978-4-7981-8626-9

Printed in Japan